ROBERT T. KIYOSAKI

DIE DEUTSCHE AUSGABE VON

RICH FAMILY SMART FAMILY

DIE DEUTSCHE AUSGABE VON

RICH FAMILY SMART FAMILY

STEIGERN SIE DEN FINANZIELLEN IQ IHRER FAMILIE UND ÜBERNEHMEN SIE DIE KONTROLLE ÜBER IHRE ZUKUNFT

ROBERT T. KIYOSAKI

DEUTSCHER
WIRTSCHAFTSBUCH
VERLAG

Bibliografische Information der Deutschen Nationalbibliothek
Die Deutsche Nationalbibliothek verzeichnet diese Publikation in der Deutschen Nationalbibliografie; detaillierte bibliografische Daten sind im Internet über dnb.dnb.de abrufbar.

Wir freuen uns auf eure Anregungen und Fragen
info@deutscherwirtschaftsbuchverlag.com

Wichtiger Hinweis
Die im Buch veröffentlichten Empfehlungen wurden von Verfasser und Verlag erarbeitet und geprüft. Der Inhalt dieses Buches beruht ausschließlich auf den persönlichen Erfahrungen des Autors und erhebt keinen wissenschaftlichen Anspruch. Die benutzten Begrifflichkeiten sind wertfrei. Eine Garantie kann dennoch nicht übernommen werden. Ebenso ist die Haftung des Verfassers bzw. des Verlages und seiner Beauftragten für Personen-, Sach- und Vermögensschäden ausgeschlossen.

1. Auflage 2025

Deutscher Wirtschaftsbuch Verlag GmbH, Christoph-Rodt-Straße 11, 86476 Neuburg an der Kammel
www.deutscherwirtschaftsbuchverlag.com

First edition [10] [2025] First German edition printed by Deutscher Wirtschaftsbuch Verlag.

Die Originalausgabe erschien 2025 bei Plata Publishing unter dem Titel Rich Family Smart Family.

Auch wenn eine gendergerechte Sprache wünschenswert ist, gibt es aus Sicht des Verlages bisher keine befriedigende, gut lesbare Lösung. Der leichten Lesbarkeit zuliebe haben wir des Öfteren von der Doppelung männlicher und weiblicher Formen Abstand genommen. Selbstverständlich liegt es uns fern, dadurch einen Teil der Bevölkerung zu diskriminieren.

Übersetzung: Petra Pyka
Redaktion und Korrektorat: Christiane Otto
Satz: inpunkt[w]o, Wilnsdorf (www.inpunktwo.de)
Cover- und Umschlaggestaltung: www.b3k-design.de, © 2025 Andrea Schneider & diceindustries
Illustration: CASHFLOW, Rich Dad, Rich Dad Advisors, and ESBI are registered trademarks of CASHFLOW Technologies
Druck: GGP Media GmbH, Pößneck
Printed in Germany

ISBN Print: 978-3-69066-202-4
ISBN E-Book (PDF): 978-3-69066-204-8
ISBN E-Book (EPUB, Mobi): 978-3-69066-203-1

Allen Eltern und Familien in aller Welt gewidmet

Mehr denn je gilt: Unsere Kinder müssen heute weit mehr lernen, als wir es je getan haben – und das auch noch schneller.

Sie müssen weit mehr lernen, als ihnen die Schulen beibringen wollen.

Nur durch Finanzbildung und praktische Lebenskompetenzen in Gelddingen können wir sicherstellen, dass unsere Kinder jegliche Chancen auf eine produktive, erfüllende Zukunft haben.

INHALT

EINE BOTSCHAFT VON ROBERT

Die Widmung in meinem Buch *Rich Dad Poor Dad* lautet:

An alle Eltern, die ersten und wichtigsten Lehrer eines Kindes, und an alle, die Kinder erziehen, prägen und ihnen ein Vorbild sind.

Mit diesem Buch, *Rich Family Smart Family*, möchte ich unseren Fokus über die Eltern hinaus richten. Heutzutage werden unsere Kinder förmlich mit Informationen bombardiert. Dabei handelt es sich mitunter um eine verwirrende Mischung aus Tatsachen und Meinungen … die nicht immer so zutreffend oder fundiert sind, wie es unseren Kindern gerecht würde.

So wie ich durch meinen reichen Vater, den Vater meines Freundes Mike, werden auch Ihre Kinder nicht nur von Ihnen als Eltern beeinflusst, sondern auch durch andere »Stimmen« – von Lehrern oder Influencern, Coaches und Beratern oder Onkeln, Tanten oder Großeltern.

In immer mehr Haushalten leben mehrere Generationen, sodass Kinder und Jugendliche auf eine reichhaltige Mischung aus Altersgruppen, Erfahrungen und Perspektiven zurückgreifen können. Das kann eine ebenso außergewöhnliche wie wertvolle Konstellation sein, aber es kann junge Menschen auch überfordern und verwirren.

Für Eltern und all jene, die Einfluss auf unsere künftigen Generationen ausüben können, hat das aber einen nicht gleich offensichtlichen Vorteil. Wissen Sie, welchen? Wer lehrt, der lernt.

Sie werden feinere Unterschiede erkennen und genauer differenzieren. Indem Sie Dinge rekapitulieren und weitergeben, gewinnen Sie tiefere, klarere Erkenntnisse über alles, was Sie Ihren Kindern und den jungen Leuten in Ihrem Leben weitergeben.

Lehrer sind Leitfiguren … und sie können die Welt verändern. Wie wollen Sie künftigen Generationen und den Leitfiguren der Welt von morgen ihren Stempel aufdrücken?

EINLEITUNG:

WER UNTERWEIST IHRE KINDER?

Mein reicher Vater sagte oft: »Wenn *du* deinen Kindern nichts über Geld beibringst, dann wird es genügend andere geben, die das übernehmen.« Es ist kein Geheimnis: Der Rolle, die Geld in unserem täglichen Leben spielt, können wir uns nicht entziehen. Wo wir leben, welche Schulen wir besuchen, was wir essen – und auch, wie wir von A nach B kommen und wie und wo wir einkaufen –, das alles hängt in irgendeiner Weise mit Geld zusammen. Ob es uns gefällt oder nicht, Geld oder ein anderes Tauschmedium wird es immer geben. Und heutzutage ist es wichtiger denn je, etwas von Geld zu verstehen – und davon, wie es unser Leben beeinflusst, denn die Welt ist ungeheuer schnelllebig. Was noch letztes Jahr (oder letzten Monat) sinnvoll war, könnte heute schon nicht mehr die beste Strategie für die Zukunft sein. Wie wir Geld verdienen, ausgeben und investieren, verändert sich ständig, und wir müssen umdenken und mehr darüber in Erfahrung bringen.

Wir bei Rich Dad sagen gern: »Wissen ist das neue Geld.« Ganz gleich, wie alt wir sind, welchen Hintergrund wir haben, wo wir leben oder welcher sozio-ökonomischen Kategorie wir angehören, wir alle können klüger mit unserem Geld umgehen. Das ist eine Tatsache. Da sich die Weltwirtschaft und die Rolle des Geldes weiterentwickeln und verändern, ergeben sich täglich Chancen, etwas dazuzulernen oder eine neue Strategie dafür zu entwickeln, wie sich Ihr Vermögen mehren lässt und wie Sie reich werden und sich finanziellen Seelenfrieden verschaffen können. Echte Freiheit – Freiheit von Ängsten und Sorgen, nicht genug Geld zu haben, um so leben zu können, wie Sie und Ihre Familie es verdienen – ist finanzielle Unabhängigkeit.

Dank des Informationszeitalters und der technischen Entwicklung prasseln über unzählige Kanäle Informationen auf uns ein. Das, was manche als »Finanzbildung« bezeichnen, kommt von allen Seiten: aus Interviews in Medien, von Finanzplanern, aus Artikeln und Radiosendungen, Podcasts, Newsletters und Seminaren … die Liste ist endlos. Daher hier ein paar warnende Worte. Überlegen Sie sich genau, wem Sie zuhören und von wem Sie Rat annehmen wollen. Viele sogenannte Finanzexperten sind Vertreter, die Ihnen Produkte und Anlageprogramme verkaufen wollen … keine echten Lehrer, Dozenten oder Experten, denen es nur darum geht, Ihnen das Rüstzeug zu vermitteln, um selbst zum besten Verwalter Ihrer Finanzen und zum Architekten Ihrer Zukunft zu werden.

Wie oft kommt es vor, dass Sportstars im Fernsehen oder in Werbespots bestimmte Schuhmarken anpreisen oder dass Promis empfehlen: »Schaffen Sie sich Ihre hochverzinsten Kreditkartenschulden vom Hals. Schulden Sie um und nehmen Sie lieber einen Kredit auf Ihr Eigenheim auf.« Dann zwinkert Ihnen das Idol zu und sagt: »Das ist eine besonders intelligente Lösung, weil Ihnen der US-Staat Steuervorteile einräumt, wenn Sie sich längerfristig verschulden.« Ja, stimmt, Hypothekenzinsen sind abzugsfähig – doch auf diese Weise würden Sie kurzfristige, hochverzinste Kreditkartenschulden in ein niedriger verzinstes langfristiges Darlehen verwandeln. Und womöglich erzählt Ihnen Ihr Bankberater dann noch, dass Ihr Eigenheim ein Vermögenswert ist. Nur für wen, das sagt er Ihnen nicht.

Einzelhändler locken Sie mit Versprechungen wie: »Keine Anzahlung, niedrige Monatsraten.« Und alle Finanzinstitute stimmen den gleichen Singsang an: »Sparen Sie und investieren Sie langfristig.« Fluggesellschaften fordern Sie auf, Ihre Kreditkarten einzusetzen, um sich Meilen für Gratisflüge zu verdienen. Selbst unser Bildungssystem spielt da mit. Heute stehen viele junge Leute in den USA nach der Ausbildung mit zigtausend Dollar Schulden aus Studienkrediten für ihre Collegeausbildung da. Das ist im Informationszeitalter unter »Finanzbildung« zu verstehen. Doch hält diese, was sie verspricht?

Finanzbildung findet zu Hause statt

Mein Buch *Rich Dad Poor Dad* erzählt die wahre Geschichte von meinen beiden Vätern, dem reichen und dem armen – einem gebildeten und einem, der die Schule abgebrochen hat. Der eine war ein hoch bezahlter Beamter, aus dem anderen wurde ein sehr wohlhabender Unternehmer und Investor. Der eine war mein leiblicher Vater, der andere der Vater meines besten Freundes. Beide waren stark, dynamisch und erfolgreich. Beide waren ehrlich und arbeiteten hart. Doch wenn es um Geld ging, hatten die beiden ganz unterschiedliche Vorstellungen. Viele glauben, *Rich Dad Poor Dad* sei ein Buch über Geld. Das stimmt aber eigentlich nicht. In Wirklichkeit ist es ein Buch über Bildung.

Mein hochgebildeter, aber armer Vater war überzeugt: Was man in der Schule lernte, war das Wichtigste für den Erfolg im Leben. Er glaubte, eine gute akademische Ausbildung sei alles, was man braucht, um einen sicheren Arbeitsplatz und ein erfolgreiches Leben zu haben. Mein reicher Vater dagegen, der von der Schule abging, um den Familienbetrieb zu übernehmen, als sein Vater starb, hielt das, was man nicht in der Schule lernte, für genauso wichtig. Er war durchaus der Meinung, dass Schulbildung wichtig ist, glaubte aber nicht, dass sie finanziellen Erfolg im Leben garantiert. Aus diesem Grund gab er sich alle Mühe, seinem eigenen Sohn und mir mehr über Geld beizubringen. Er opferte Stunden, Tage und sogar Jahre, um uns zu vermitteln, was er für wichtig hielt – Fächer, die in der Schule nicht unterrichtet wurden, doch für uns alle von grundlegender Bedeutung sind, heute mehr denn je.

Früher einmal war die Erziehung von Kindern einzig und allein Sache der Eltern. Im Zeitalter der Jäger und Sammler brachte der Vater seinen Söhnen bei, wie man Wild erlegte und den Stamm beschützte. Die Mutter lehrte ihre Töchter, wie man das Lager in Ordnung hielt, Häute gerbte und Kinder aufzog. Beide Elternteile vermittelten ihren Kindern die sozialen Werte des Stammes – Respekt vor den Älteren und die Regelung von Meinungsverschiedenheiten sowie Lieder, Gebräuche, Geschichten und Rituale, die den Stamm verbanden und Identität stifteten.

Im Agrarzeitalter arbeiteten Mutter und Vater noch immer im Team, nicht nur bei der Arbeit auf dem Hof oder im Familienbetrieb, sondern auch bei der Kindererziehung. In dieser Epoche hatten beide Elternteile enge persönliche Berührung mit ihren Kindern.

Dann kam das Industriezeitalter – die Zeit, die ich gern überschreibe mit »erwachsen müsste man sein«. In dieser Ära ging der Vater morgens zur Arbeit und brachte das Geld nach Hause. Die Mutter blieb zu Hause und gab der Familie ein gemütliches Heim, die Kinder gingen zur Schule. Man könnte auch sagen, der Staat übernahm die Verantwortung dafür, den Kindern beizubringen, was er für wichtig hielt. In dieser Ära verbrachte die Familie immer noch viel Zeit miteinander, aber diese Zeit verknappte sich zusehends.

Heute leben wir im Informationszeitalter. In vielen Familien arbeiten beide Elternteile, weil das Geld sonst nicht zum Leben reicht.

Die Kinder kommen oft in ein leeres Haus, schalten den Fernseher ein, treiben Mannschaftssport mit einem Elternteil als Trainer, bringen Stunden in Einkaufszentren zu, spielen stundenlang Videospiele oder hängen an ihren Handys oder surfen im Internet.

Statt von ihren Eltern unterwiesen zu werden, haben die Kinder von heute buchstäblich Millionen von Lehrern – persönliche und elektronische. Das ist der Hauptgrund, aus dem Eltern heutzutage weniger Einfluss auf ihre Kinder haben.

Wir alle brauchen Finanzbildung

Der National Council on Economic Education testete das wirtschaftliche Grundwissen von rund 1100 Erwachsenen und 1100 Highschool-Schülern. Hier das Ergebnis, basierend auf einer Notenskala von A, der Bestnote, bis F, der schlechtesten Note:

Erwachsene

6 % erhielten Note A
10 % erhielten Note B
15 % erhielten Note C
20 % erhielten Note D
49 % erhielten Note F

Highschool-Schüler

3 % erhielten Note A
7 % erhielten Note B
11 % erhielten Note C
13 % erhielten Note D
66 % erhielten Note F

Anders formuliert: Mit C und darunter bekamen 69 Prozent aller Erwachsenen eine schlechte Note und 79 Prozent aller Schüler. Das Schockierende an dem Artikel war, dass selbst die einfachsten Fragen falsch beantwortet wurden – simple Fragen zu Inflation und Angebots- und Nachfragezyklen.

Dass sich daran allmählich etwas ändert, lässt hoffen. Es gibt ein neues Bewusstsein für die Notwendigkeit, Finanzwissen zu erwerben. Doch die Frage bleibt: Ändert sich das noch rechtzeitig? Und werden auch zeitnah die richtigen Informationen vermittelt, um im wirklichen Leben zu bestehen?

Das Informationszeitalter ist anders

In der Feudalzeit konnten nur der Monarch und seine Freunde Reichtümer besitzen. Im Industriezeitalter können weit mehr Menschen und deren Freunde sehr wohlhabend sein. Im Informationszeitalter haben sich die Möglichkeiten der Masse, großen Reichtum zu erlangen, enorm erweitert. Heutzutage kann man nicht nur sehr reich werden, sondern auch ungleich schneller. Denken Sie nur an Bill Gates, den Gründer von Microsoft. Er war noch keine 40 und schon der reichste Mann der Welt. Andere Erfolgsstorys betreffen unter anderem Elon Musk, den CEO des Elektrofahrzeuge-Herstellers Tesla und des privaten Raumfahrtunternehmens Space X sowie des Sozialmedienunternehmens X (vormals Twitter), Mark Zuckerberg, den Gründer von Facebook und Jeff Bezos, den Gründer von Amazon. Heute gibt es 20-jährige Self-Made-Milliardäre. Gleichzeitig haben wir aber Baby Boomer, die noch immer von einem Job träumen, der ihnen 50 000 Dollar im Jahr einbringt. Viele Vertreter der geburtenstarken Jahrgänge haben finanzielle Probleme, weil sie immer noch auf den Rat ihrer Eltern hören: »Such dir einen sicheren, soliden Job.« Sie merken nicht, dass sich die Zeiten geändert haben. Und dass dieser Rat zwar sicherlich gut gemeint, aber schlichtweg überholt ist.

Das soll nicht heißen, dass es falsch ist, sich einen »sicheren, soliden Job« zu suchen. Für viele Menschen ist das der klügste und sicherste Weg in eine gesicherte Zukunft. Das ist die eine Seite der Medaille bei der Entscheidung, die wir alle über unsere Zukunft und unseren Lebensweg treffen. Es macht aber glücklich und stark, zu wissen, dass jeder von uns an jedem Punkt seines Lebens seinen eigenen Weg gehen und eine der angesprochenen Erfolgsgeschichten erleben und jahrzehnte-, wenn nicht gar jahrhundertelang dafür gefeiert werden kann.

Historiker haben festgestellt, dass sich alle 500 Jahre eine große Umwälzung vollzieht. 1492 segelte Christoph Kolumbus auf die Weltmeere hinaus. 1989 fiel die Berliner Mauer und das Internet hielt Einzug. Manche behaupten, dieses Ereignis markiere das Ende des Industriezeitalters und den Anfang des Informationszeitalters. Leider gibt es nach wie vor Millionen von Menschen, die sich noch nach den Regeln des Industriezeitalters richten und ihren Kindern entsprechend veraltete Ratschläge geben … nämlich dieselben, die sie schon von ihren Eltern bekamen.

Im 21. Jahrhundert erleben wir einen Wandel mit zunehmendem Tempo. Millionen Menschen werden feststellen, dass sie finanzielle Probleme bekommen, während andere reicher werden als seinerzeit die Könige und Königinnen. Ein großer Vorteil des Informationszeitalters ist, dass wir alle mehr Zugang zu Informationen haben. Und in der Welt meines reichen Vaters ist Wissen das neue Geld.

ERSTES KAPITEL:

BAUSTEIN NR. 1

HAT IHR KIND EINEN HOHEN FINANZ-IQ?

Mit einem hohen Finanz-IQ können Sie sich Freiheit erkaufen.

Was heißt das, wenn jemand einen hohen Finanz-IQ hat? Das Akronym steht für Intelligenzquotient. Doch was misst ein IQ? Und garantiert ein hoher IQ, dass Sie Erfolg haben werden? Bedeutet ein hoher IQ, dass Sie reich werden?

Als ich in der vierten Klasse war, erklärte meine Lehrerin uns Schülern: »Kinder, wir dürfen uns geehrt fühlen, denn wir haben ein Genie in unserer Mitte – ein hochbegabtes Kind mit einem sehr hohen IQ.«

Sie erzählte weiter, Andrew, einer meiner besten Freunde, sei der beste Schüler, den sie jemals unterrichten durfte. Bis zu diesem Zeitpunkt war »Andy, die Ameise«, wie wir ihn nannten, ein Klassenkamerad wie jeder andere gewesen. Ameise nannten wir ihn, weil er so klein war und mit seinen dicken Brillengläsern an ein Insekt erinnerte. Künftig mussten wir ihn wohl »Andy, die kluge Ameise« nennen.

Da ich mit dem Kürzel IQ nichts anfangen konnte, meldete ich mich und fragte die Lehrerin: »Was bedeutet denn IQ?«

Sie geriet ins Stottern, als sie entgegnete: »IQ steht für ›Intelligenzquotient‹.« Dann warf sie mir einen dieser vielsagenden Blicke zu, die ich so fürchtete, und fragte: »Weißt du *jetzt*, was IQ bedeutet?«

Das Problem war: Ich hatte noch immer keine Ahnung, was das heißen sollte. Deshalb hob ich erneut die Hand. Die Lehrerin versuchte nach Kräften, mich zu ignorieren, doch schließlich sah sie zu mir her und fragte: »Und? Was willst du jetzt wieder wissen?«

»Na ja, Sie haben gesagt, IQ steht für ›Intelligenzquotient‹, aber was bedeutet das?«

Ungeduldig verhaspelte sie sich erneut. »Ich habe euch doch erklärt: Wenn ihr einen Begriff nicht kennt, dann schlagt ihn nach. Hol dir das Wörterbuch und schau selber nach.«

»Okay«, sagte ich und grinste, denn ich spürte genau, dass sie es selbst nicht erklären konnte. Hätte sie die Antwort gewusst, hätte sie sie vermutlich stolz der ganzen Klasse vorgetragen. Wir wussten: Wenn sie etwas nicht wusste, gab sie das niemals zu, sondern forderte uns auf, es nachzuschlagen.

Als ich »Intelligenzquotient« im Wörterbuch gefunden hatte, las ich die Erklärung laut vor. Ich zitierte wörtlich: »Substantiv: Eine Zahl, die verwendet wird, um die offensichtliche relative Intelligenz eines Menschen zu bestimmen, indem man sein anhand eines Standardtests nachgewiesenes geistiges Alter durch sein chronologisches Alter teilt und den Wert mit 100 multipliziert.« Als ich die Definition vorgelesen hatte, schaute ich auf und sagte: »Ich verstehe noch immer nicht, was IQ bedeutet.«

Frustriert hob die Lehrerin ihre Stimme und sagte: »Du verstehst das nicht, weil du es gar nicht verstehen willst. Wenn du es nicht verstehst, dann musst du eben nachforschen.«

»Aber Sie haben doch gesagt, dass das wichtig ist«, gab ich zurück. »Wenn Sie das für wichtig halten, dann können Sie uns doch wenigstens erklären, was es bedeutet und warum es so wichtig ist.«

Da stand Andy, die Ameise, auf und meinte: »Ich werde es euch erklären.« Er kam hinter seinem Tisch hervor, ging zur Tafel nach vorne und schrieb:

$$\frac{\textbf{18 (geistiges Alter)}}{\textbf{10 (chronologisches Alter)}} \textbf{ x 100 = 180 IQ}$$

»Die Leuten sagen also, ich sei ein Genie, weil ich erst zehn Jahre alt bin, aber das Testergebnis von einem 18-Jährigen habe«, erzählte Andy der Klasse.

Wir saßen eine Weile schweigend da und versuchten, zu verdauen, was Andy da gerade an die Tafel geschrieben hatte.

»Also könnte man sagen, wenn deine Lernfähigkeit nicht zunimmt, wenn du älter wirst, dann sinkt vielleicht dein IQ?«, meinte ich.

»So sieht es aus«, sagte Andy. »Kann sein, dass ich heute noch ein Genie bin, aber wenn ich nichts dazulerne, geht mein IQ mit jedem Jahr zurück. Das sagt zumindest diese Gleichung aus.«

»Du könntest also heute ein Genie sein und morgen ein Dummkopf«, meinte ich lachend.

»Sehr komisch«, sagte Andy. »Aber genauso ist es. Doch eines weiß ich: Ich muss mir jedenfalls keine Sorgen machen, dass *du* mich überholst.«

»Ich gleiche das nach der Schule aus«, gab ich zurück. »Treffen wir uns am Baseballfeld, dann sehen wir schon, wer den höheren IQ hat.«

Ich lachte und unsere Klassenkameraden ebenfalls.

Andy, die Ameise, zählte zu meinen besten Freunden. Wir wussten alle, dass er clever war, und wir wussten auch, dass aus ihm nie ein großer Sportler werden würde. Doch obwohl er einen Ball weder gut schlagen noch fangen konnte, gehörte er trotzdem zu unserer Mannschaft. Wir waren schließlich Freunde.

Wie hoch ist Ihr Finanz-IQ?

Wie misst man aber den Finanz-IQ eines Menschen? Daran, wie viel er verdient? An seinem Vermögen? An dem Auto, das er fährt, oder an der Größe seines Hauses?

Mehrere Jahre später, lange nachdem wir darüber gesprochen hatten, dass Andy, die Ameise, ein Genie war, fragte ich meinen reichen Vater, was er unter einem Finanz-IQ verstand. Er antwortete prompt: »Finanzverstand richtet sich nicht danach, wie viel du verdienst, sondern danach, wie viel von deinem Geld du für dich behältst und wie hart du dieses Geld für dich arbeiten lässt.«

Mit der Zeit feilte er noch an seiner Definition von Finanzverstand. Später sagte er: »Dass dein Finanzverstand zunimmt, merkst du daran, dass du dir von deinem Geld mehr Freiheit, Glück, Gesundheit und Optionen im Leben kaufen kannst, wenn du älter wirst.«

Mein reicher Vater erklärte mir auch, dass viele Menschen mehr Geld verdienen, wenn sie älter werden, doch dadurch immer unfreier werden, weil sie höhere Ausgaben haben. Das bedeutet, sie müssen mehr arbeiten, um ihre Rechnungen zu bezahlen. Das war kein Finanzverstand, wie ihn mein Vater definierte. Er erzählte mir ferner, dass er schon viele Menschen gesehen hatte, die viel Geld verdienten, aber dadurch nicht glücklicher wurden. Auch das war für ihn kein Finanzverstand. »Warum sollte man hart arbeiten, um mehr Geld zu haben und unglücklich zu werden?«, fragte er. »Wenn du schon für Geld arbeiten musst, dann sollte es dich wenigstens zufrieden machen. Das ist Finanzverstand.«

Zum Thema Gesundheit sagte er oft: »Zu viele Menschen arbeiten zu hart für ihr Geld und gehen daran nach und nach zugrunde. Warum sollte man so hart arbeiten, dass man das eigene psychische und physische Wohlbefinden aufs Spiel setzt – und das seiner Familie obendrein? Das ist kein Finanzverstand.« Außerdem sagte er noch: »So etwas wie einen plötzlichen Herzinfarkt gibt es nicht. Ein Infarkt und andere Krankheiten wie Krebs entwickeln sich mit der Zeit. Sie werden verursacht durch mangelnde Bewegung, falsche Ernährung und ein Leben, das über längere Zeit freudlos ist. Von diesen drei Faktoren ist die Freudlosigkeit meiner Ansicht nach die Hauptursache für Herzattacken und Krankheiten. Zu viele Menschen denken mehr darüber nach, härter zu arbeiten, als darüber, mehr Spaß zu haben und dieses großartige Geschenk des Lebens zu genießen.«

Wenn es um Wahlmöglichkeiten ging, sagte er: »Ich weiß, die erste Klasse in einem Flugzeug kommt auch nicht früher an als der Economy-Bereich. Doch darum geht es nicht. Es geht darum, ob man sich aussuchen kann, ob man erster Klasse oder Economy fliegen möchte. Die meisten Menschen, die Economy fliegen, haben keine Wahl.« Dann erklärte mein reicher Vater noch, dass Finanzverstand den Menschen im Leben mehr Optionen eröffnet. »Geld ist Macht, denn mit Geld hat man mehr Möglichkeiten.«

> Geld ist Macht, denn mit Geld hat man mehr Möglichkeiten.

Doch es war seine Lektion über das Glück, der er mit zunehmendem Alter immer mehr Gewicht beimaß. Am Ende seines Lebens hatte er mehr Geld, als er sich je erträumt hätte. Doch er sagte wieder und wieder: »Geld macht dich nicht glücklich. Du darfst nicht glauben, dass du automatisch glücklich wirst, wenn du reich bist. Wenn du nicht glücklich bist, während du reich wirst, dann wirst du vermutlich auch nicht glücklich werden, wenn du erst reich bist. Ganz gleich, ob du arm oder reich bist – sorge dafür, dass du glücklich wirst.«

Mein reicher Vater maß seinen Finanz-IQ nicht mit klassischen Finanzkennzahlen. Man könnte auch sagen, er war nie richtig darauf fixiert, wie viel Geld er hatte oder wie hoch sein Vermögen war oder der Stand seines Portfolios. Auf die Frage, was ihm sein Finanzverstand gebracht hat, würde ich sagen: Freiheit.

Mein reicher Vater hatte gern die Freiheit, selbst zu bestimmen, ob er arbeiten wollte oder nicht – die Freiheit, sich auszusuchen, mit wem er zusammenarbeitete, und die Freiheit, sich zu kaufen, was ihm gefiel, ohne auf den Preis schauen zu müssen. Er freute sich über die Gesundheit, das Glück und die Wahlmöglichkeiten, die er sich erlauben konnte, weil er frei war. Er genoss es auch, die Freiheit und die finanziellen Möglichkeiten zu haben, gemeinnützigen Organisationen Geld zu spenden, deren Anliegen ihm wichtig waren. Statt sich über die Politik zu beklagen und darüber, dass er das System nicht verändern konnte, sorgte er dafür, dass Politiker bei ihm Rat suchten (und auf Spenden für ihren Wahlkampf hofften). Er nahm gern Einfluss auf sie. »Diese Leute kommen zu mir. Ich laufe ihnen nicht hinterher. Jeder Politiker möchte gern die Stimmen der Armen, aber er hört nicht auf sie. Das kann er sich gar nicht leisten – und das ist schade«, meinte er.

Doch am meisten gefiel ihm die freie Zeit, die er sich mit seinem Geld kaufen konnte. Er nahm sich gern die Zeit, seine Kinder aufwachsen zu sehen und an Projekten zu arbeiten, die ihn interessierten – ob der damit Geld verdiente oder nicht. Mein reicher Vater maß seinen Finanz-IQ daher in Zeit, nicht in Geld. Die letzten Jahre seines Lebens genoss er am meisten, denn er verbrachte die meiste Zeit damit, sein Geld zu verschenken statt es zu horten und daran zu hängen. Er schien als Philanthrop am Geldausgeben genauso viel Freude zu haben wie seinerzeit als Kapitalist, als er es verdiente. Er lebte ein reiches, glückliches und freigiebiges Leben. Vor allem aber hatte er unendlich viel Freiheit. Und daran maß er seinen Finanz-IQ.

Was ist Intelligenz?

Mein leiblicher Vater, den ich meinen armen Vater nenne, war Leiter der hawaiianischen Bildungsbehörde und ein begnadeter Lehrer, der übrigens der persönliche Tutor von »Andy, der Ameise« werden sollte. Andy war so intelligent, dass er eigentlich schon die letzte Highschool-Klasse besuchen sollte statt der fünften. Seinen Eltern wurde nahegelegt, ihn gleich mehrere Klassen überspringen zu lassen, doch sie wollten, dass er mit Gleichaltrigen zur Schule ging. Da mein leiblicher Vater auch ein akademisches Genie war, das sein Universitätsstudium in nur zwei statt vier Jahren absolviert hatte, konnte er sich gut in Andy hineinversetzen und respektierte die Wünsche seiner Eltern. In vieler Hinsicht war er ihrer Meinung, denn er wusste, dass das akademische Alter nicht so wichtig ist wie die emotionale und physische Entwicklung. Er fand auch, dass Andy lieber emotional und körperlich reifer werden sollte, statt mit Kameraden auf die Highschool oder aufs College zu gehen, die doppelt so alt waren wie er. Nachdem er also tagsüber mit normalen Kindern die Grundschule besucht hatte, kam »Andy, die Ameise« zu meinem Vater, dem Chef der Bildungsbehörde, und lernte am Nachmittag mit ihm. Ich dagegen ging ins Büro meines reichen Vaters und begann, an meinem Finanzverstand zu arbeiten.

Besonders interessant finde ich den Aspekt, dass meine beiden Väter sich die Zeit nahmen, anderer Leute Kinder zu unterrichten. Und es ist schön, dass es das auch heute noch gibt, denn viele Eltern engagieren sich ehrenamtlich, um Sport, Kunst, Musik,

Tanz, Handarbeit, Betriebswirtschaft und anderes zu unterrichten. Letztlich sind alle Erwachsenen auf die eine oder andere Art auch Lehrer. Als Erwachsene sind wir Lehrer und können junge Menschen durch unsere Taten und Worte beeinflussen – wobei Taten grundsätzlich mehr bewirken als Worte. Ich jedenfalls achte immer mehr darauf, was einer tut, als darauf, was er sagt. Vieles ist leicht gesagt … aber folgen dann auch entsprechende Taten?

Acte Non Verba – Taten statt Worte
Das Motto der Merchant Marine Academy
der Vereinigten Staaten

Als uns unsere Lehrerin mitteilte, dass Andy, die Ameise, ein Genie mit einem hohen IQ war, sagte sie uns damit auch, dass das für uns andere nicht galt. Zu Hause fragte ich meinen Vater, wie er Intelligenz definiere. Seine Antwort war ganz einfach. Er sagte lediglich: »Intelligenz ist die Fähigkeit, genauer zu differenzieren.«

Zunächst wusste ich mit dieser Antwort nichts anzufangen. Ich wartete auf eine weitere Erklärung. Weil er Lehrer mit Leib und Seele war, wusste ich, er würde mich nicht mit einem dummen Gesicht stehen lassen. Endlich merkte er, dass ich seine Definition nicht verstanden hatte. Also formulierte er sie noch einmal für Zehnjährige.

»Weißt du, was das Wort ›Sport‹ bedeutet?«, fragte er mich.

»Ja klar«, sagte ich. »Ich mag Sport.«

»Gut«, fuhr er fort. »Gibt es einen Unterschied zwischen Football, Golf und Surfen?«

»Natürlich«, erklärte ich eifrig. »Es gibt sogar gewaltige Unterschiede zwischen diesen Sportarten.«

»Fein«, meinte mein Vater in seinem Lehrermodus. »Differenzieren bedeutet, solche Unterschiede zu erkennen.«

»Differenzieren bedeutet also genau dasselbe wie unterscheiden?«, wollte ich wissen.

Mein Vater nickte.

»Je mehr Unterschiede ich also zwischen zwei Dingen erkenne, desto intelligenter bin ich?«, fragte ich nach.

»Genau«, entgegnete mein Vater. »Du hast also einen viel höheren Sport-IQ als Andy, aber Andy hat dafür einen viel höheren akademischen IQ als du. Das heißt im Grunde, dass Andy am besten durch Lesen lernt und du am besten durch Praxis. Andy fällt es daher leichter, in der Schule zu folgen. Du findest es dagegen einfacher, sportliche Fähigkeiten zu erwerben.« Mein Dad schwieg eine Minute lang, damit ich seine Worte sacken lassen konnte. Dann fügte er hinzu: »Andy lernt so problemlos Geschichte und Naturwissenschaften wie du Baseball- und Footballspielen.«

Ich stand eine ganze Weile wortlos da. Als guter Lehrer wartete mein Vater geduldig, bis ich das Konzept der Differenzierung verinnerlicht hatte. Schließlich erwachte ich aus meiner Trance und meinte: »Ich lerne also, indem ich Sport treibe, und Andy, indem er liest.«

Mein Vater nickte. Nach einer weiteren Pause sagte er: »Unser Schulsystem legt großen Wert auf akademische, schulische Intelligenz. Wenn von einem hohen IQ die Rede ist, dann ist damit ein hoher schulischer oder akademischer IQ gemeint. Der aktuelle IQ-Test misst in erster Linie den verbalen IQ eines Menschen und wie gut er lesen und schreiben kann. Im Grunde ist ein Mensch mit einem hohen IQ einer, der schnell aus Gelesenem lernen kann. Er misst aber nicht jede Art menschlicher Intelligenz. Dieser IQ-Test ist kein Maßstab für den künstlerischen oder physischen IQ eines Menschen und auch nicht für seine mathematische Auffassungsgabe – allesamt legitime Varianten der Intelligenz.«

Ich dachte darüber nach und meinte: »Wenn meine Lehrerin sagt, Andy sei ein Genie, dann meint sie damit also, dass er leichter als ich aufnimmt, was er liest. Ich dagegen kann besser aus dem lernen, was ich tue.«

Wieder nickte mein Vater.

Ich blieb still stehen und dachte nach. Mir dämmerte, was diese neue Information für mich bedeutete. »Dann sollte ich in Zukunft möglichst so lernen, wie es meinem Lernstil am besten entspricht«, sagte ich schließlich.

Mein Vater nickte lächelnd und führte das näher aus. »Natürlich musst du trotzdem lesen lernen, aber wie es scheint, lernst du schneller aus der Praxis als aus Büchern. Andy hat in vielerlei Hinsicht Probleme, weil er zwar lesen, aber das Gelesene nicht so gut in die Praxis umsetzen kann. Er wird vielleicht das eine oder andere Mal größere Schwierigkeiten haben, sich im wirklichen Leben zurechtzufinden, als du. Solange er sich auf die Welt der Lehre oder der Wissenschaft beschränkt, wird er erfolgreich sein. Aber aus demselben Grund kommt er auf dem Baseballfeld oder im Umgang mit Gleichaltrigen nicht so gut zurecht. Deshalb finde ich es großartig, dass ihr anderen ihn in eure Mannschaft aufgenommen habt. Ihr könnt ihm Dinge beibringen, die in keinem Schulbuch stehen – Fähigkeiten und Kompetenzen, die für den Erfolg im wirklichen Leben sehr wichtig sind.«

»Ich mag Andy sehr gern«, sagte ich, »aber er liest lieber, als Baseball zu spielen. Und ich spiele lieber Baseball, als zu lesen. Das heißt dann, dass er in der Schule besser ist als ich, weil er besser lernt. Das heißt aber nicht, dass er klüger ist als ich. Sein hoher IQ bedeutet, dass er ein Genie ist, wenn es um das Lernen aus Büchern geht.« Ich legte erneut eine Denkpause ein und kam dann zu folgendem Schluss: »Ich muss also einen Weg finden, schneller besser zu unterscheiden, damit ich schneller lernen kann – und zwar so, wie es für mich am besten funktioniert.«

Mehren durch Teilen

Mein Lehrervater lächelte. »Das ist die richtige Einstellung. Finde heraus, wie du zügiger differenzieren kannst, dann lernst du schnell.

Und denke immer daran: In der Natur mehrt sich, was geteilt wird«, meinte er. »So, wie sich eine Zelle vermehrt, indem sie sich teilt, mehrt sich auch die Intelligenz. In dem Moment, in dem wir ein Thema zweiteilen, werden wir intelligenter. Teilen wir dann die beiden Teilen wieder durch zwei, bekommen wir vier, und unsere Intelligenz mehrt sich weiter – Mehren durch Teilen. Das bezeichnet man als Quantenlernen im Gegensatz zu linearem Lernen.«

Ich nickte und begriff zum ersten Mal, wie ich schneller lernen konnte, wenn ich erst herausgefunden hatte, wie ich am besten lerne. »Als ich anfing, Baseball zu spielen, wusste ich noch kaum etwas darüber«, meinte ich. »Aber bald kannte ich den Unterschied zwischen einem Strikeout, einem Homerun und einem RBI. Willst du mir sagen, dass sich meine Intelligenz dadurch mehrt, dass ich teile beziehungsweise feinere Unterschiede mache?«

»Ganz genau«, bestätigte mein Vater. »Und je öfter du spielst, desto mehr neue und feinere Unterschiede erkennst du. Merkst du nicht, wie du besser wirst, je mehr du weißt?«

»Stimmt«, meinte ich und dachte zurück an die Zeit vor ein paar Jahren, als ich noch nicht Baseball gespielt hatte. »Als ich anfing, traf ich keinen Ball. Jetzt kann ich einen Bunt oder einen Ground-Ball spielen oder einen Homerun machen. Weißt du, dass ich dieses Jahr schon drei Homeruns geschafft habe?«, frage ich ihn und lächelte stolz.

»Ich weiß«, sagte mein Vater. »Und ich bin sehr stolz auf dich. Ist dir klar, dass viele Menschen den Unterschied zwischen einem Bunt und einem Homerun nicht kennen? Sie haben keine Ahnung, wovon du sprichst – und nachmachen könnten sie es schon gar nicht.«

»Mein Baseball-IQ ist also wirklich hoch.« Ich lächelte zufrieden.

»Ausgesprochen hoch sogar«, meinte mein Vater. »So, wie Andys akademischer IQ wirklich hoch ist … Und trotzdem trifft er keinen Baseball.«

»Willst du mir damit sagen, dass Andy zwar den Unterschied zwischen einem Bunt und einem Homerun kennt, aber trotzdem weder das eine noch das andere zuwege bringt, selbst wenn sein Leben davon abhinge?«

»Deshalb ist es ja so problematisch, wenn man jemanden nur nach seinem akademischen IQ beurteilt«, meinte mein Vater in bester Lehrermanier. »Menschen mit einem hohen IQ sind im wirklichen Leben oft nicht so erfolgreich.«

»Warum denn?«, wollte ich wissen.

»Das ist eine gute Frage, auf die ich, ehrlich gesagt, keine richtige Antwort weiß. Ich glaube, das kommt daher, weil sich die Lehrer vor allem auf geistige Fähigkeiten fokussieren, nicht darauf, geistiges in physisches Wissen umzuwandeln. Außerdem glaube ich, weil wir Lehrer unsere Schüler für Fehler bestrafen, scheuen sie sich, zu handeln, weil sie Angst davor haben, Fehler zu machen. Im Bildungssystem wird zu viel Wert darauf gelegt, recht zu behalten, und zu viel Angst davor erzeugt, falsch zu liegen. Es ist die Angst davor, einen Fehler zu begehen und sich lächerlich zu machen, die die Menschen davon abhält, etwas zu unternehmen und Neues auszuprobieren. Doch letztlich lernen wir alle aus der Praxis. Wir wissen alle, dass man aus Fehlern lernt, doch in unserem Schulsystem werden wir dafür bestraft, wenn wir zu viele Fehler machen.« Er brachte das folgendermaßen auf den Punkt: »In der Welt der Bildung wimmelt es von Menschen, die dir alles sagen können, was du über Baseball wissen musst, aber selbst nicht Baseball spielen können.«

»Wenn unsere Lehrerin sagt, Andy sei ein Genie, heißt das dann, er ist besser als ich?«, fragte ich.

»Nein«, entgegnete mein Vater. »Aber in der Schule wird ihm das Lernen leichter fallen als dir, weil er eine geniale Lesefähigkeit besitzt. Doch auf dem Sportplatz lernst du schneller als er. Mehr heißt das nicht.«

»Dass er einen hohen IQ hat, bedeutet also nur, dass er aus Büchern schneller lernt, aber nicht, dass ich nicht genauso viel lernen kann, wie er weiß?«, frage ich nach, um klarer zu sehen. »Anders ausgedrückt: Wenn ich etwas lernen will, dann kann ich es auch lernen. Ist das so?«

»Genau«, bestätigte mein Vater. »Bildung steht und fällt mit der Einstellung, und wenn du eine positive Einstellung zum Lernen hast, dann wirst du auch Erfolg haben. Doch wenn du von vornherein aufgibst oder resignierst, dann wirst du auch nichts lernen.«

Ich zog meine Baseball-Zeitschrift aus meiner Hosentasche. Sie war schon zerlesen und zerfleddert. »Ich lese diese Zeitschrift gern. Ich kann dir für jeden Spieler genau sagen, wie viele Punkte und welchen Schlagdurchschnitt er hat und was er verdient. Aber wenn ich im Unterricht in dieses Heft schaue, dann nimmt es mir die Lehrerin weg.«

»Das sollte sie auch«, fand mein Vater. »Doch sie sollte dir sagen, dass du es gern nach der Schule lesen kannst.«

Daraufhin nickte ich. Ich verstand allmählich, warum Andy einen höheren IQ hatte. Vor allem aber hatte ich erfahren, wie ich am besten lernte. An jenem Tag wurde mir klar, dass ich am besten lernte, indem ich etwas zunächst ausprobierte und dann darüber nachlas.

Beim Baseball war es zum Beispiel so: Je mehr ich spielte, desto mehr wollte ich darüber lesen. Würde ich nicht spielen, hätte ich aber auch kein Interesse, etwas darüber zu lesen. Diese Art zu lernen war für mich die beste. Und so würde ich mein Leben lang lernen. Wenn ich etwas ausprobiert und interessant gefunden hatte, hatte ich mehr Lust, darüber zu lesen und mehr darüber zu lernen. Wenn ich etwas aber nicht physisch erfahren konnte oder nur darüber lesen musste, interessierte es mich nur selten und ich wollte auch nichts darüber lesen.

Mit zehn Jahren hatte ich für einen Tag genug gelernt. Meine Aufmerksamkeitsspanne war erschöpft. *Ich* war erschöpft vom vielen Denken. Ich schnappte mir Baseballhandschuh und -schläger und ging nach draußen, um mich mit ein paar feineren Unterschieden im Baseballspiel zu befassen. Mein Baseball-IQ war schließlich noch verbesserungsbedürftig, und Üben war für mich die beste Methode, besser zu werden. Außerdem wusste ich: Wenn ich nicht übte, würde mich Andy, die Ameise, womöglich irgendwann ersetzen.

Diese eine Erklärung meines Lehrervaters war der Hauptgrund, aus dem ich die Highschool abschloss und mich durch die ausgesprochen harte Ausbildung an einer US-Militärakademie mit einem sehr anspruchsvollen akademischen Lehrplan kämpfte. Aufgrund dieser Erklärung wusste ich, dass ich zwar keinen sehr hohen akademischen IQ besaß, dass das aber nicht bedeutete, dass ich nicht intelligent war. Ich musste nur eine Lernmethode finden, die für mich am besten passte.

Ohne diese wertvolle Erkenntnis wäre ich vielleicht lange vor dem Abschluss von der Highschool abgegangen. Mir war die Schule nämlich immer zu zäh und zu langweilig gewesen und hatte nur selten mein Interesse geweckt. Die meisten meiner Pflichtfächer interessierten mich nicht, doch es gelang mir, genug zu lernen, um die Prüfungen zu bestehen. Bei der Stange hielt mich, dass ich wusste: Sobald ich meinen Collegeabschluss in der Tasche hatte, würde meine eigentliche Ausbildung beginnen.

Wie Sie den Finanz-IQ Ihrer Kinder steigern

Bildungsinstrumente wie Spiele können einem Kind nicht alles beibringen, was es wissen muss, aber sie können eine gute Grundlage für alles bilden, was es später noch lernt. Spiele beinhalten die meisten Lernarten – visuelles, auditives und kinästhetisches Lernen. Spiele geben Kindern Gelegenheit, Genies zu sein, weil sie mehr als eine IQ-Art ansprechen.

Je häufiger ein Kind das CASHFLOW-Spiel spielt, desto besser kann es differenzieren – weit besser, als wenn es sich nur in ein Thema einliest. Nicht vergessen: Die Natur mehrt, indem sie teilt. Je mehr und je feinere Unterschiede ein Mensch in Bezug auf ein Thema machen kann, desto intelligenter ist er.

Dr. Maria Montessori, Lehrerin und erster weiblicher Doktor der Medizin Italiens, ist vor allem für ihre pädagogische Philosophie bekannt: die Montessori-Methode. Eines der vielen Zitate, die ihr zugeschrieben werden, lautet: »Was die Hand tut, merkt sich der Geist.« Das spricht nicht nur für die zentralen Lektionen des Spielens, sondern auch für den Wert des Lernens aus Erfahrung.

Wie hoch ist der IQ eines Elternteils oder Lehrers?

Junge Menschen werden heute auf jeden Fall hinlänglich getestet – in der Schule und anderswo. Eltern oder Lehrer sollten sich aber auch auf einen weiteren IQ testen – den Interessenquotienten nämlich, der ihr Interesse an der Bildung ihrer Kinder misst. Mein hochgebildeter Vater, der die Bildungsbehörde des US-Bundesstaates Hawaii leitete, sagte oft, dass Eltern eigentlich Tests unterzogen werden sollten, um ihre persönlichen Interessen und Aktivitäten zu bewerten. Auf Elternabenden empfahl er Eltern, sich wöchentlich Fragen wie die folgenden zu stellen und über ihre Antworten Buch zu führen.

Hier ein Exemplar seines Tests.

1. Wie oft in der Woche fragen Sie Ihr Kind: »Hast du deine Hausaufgaben gemacht?«, und überprüfen das und sehen diese mit dem Kind durch? Wie oft fragen Sie Ihr Kind: »Wie läuft es in der Schule?«, und nehmen sich dann die Zeit, das auch herauszufinden?

____

____

Viele Eltern stellen zwar solche Fragen, interessieren sich aber nicht wirklich für die Antworten.

2. Wie viele Stunden pro Woche verbringen Sie damit, Ihrem Kind tatsächlich bei den Hausaufgaben zu helfen?

____

____

Dabei geht es nicht darum, ihm die Lösungen vorzusagen, sondern es bei seinem Lernprozess zu unterstützen.

3. Wie viele Stunden pro Woche spielen Sie eigentlich mit Ihrem Kind?

____

____

Damit sind physische Spiele gemeint, gemeinsames Sporttreiben und vor allem, zusammen aktiv Spaß zu haben.

4. Wie viele Stunden pro Woche verwenden Sie darauf, Ihr Kind zu unterhalten und sich mit Ihrem Kind zu befassen?

____

____

Darunter fallen gemeinsames Fernsehen, Kinobesuche, Sportveranstaltungen, Familienausflüge und Urlaube …

5. Wie viele Stunden pro Woche bringen Sie Ihrem Kind etwas über Dinge bei, die Sie für dessen lebenslanges Lernen und seine Entwicklung für wichtig halten?

____

____

Das betrifft Themen wie Spiritualität, Moral, Finanzen, Bürgerpflicht, Einsatz für andere, denen es schlechter geht, sowie Führungskompetenzen und andere Aktivitäten …

6. Wie viele Stunden pro Woche widmen Sie als jemand, der Einfluss auf Kinder nimmt, Ihrer eigenen Weiterentwicklung?

____

____

Darunter sind Aktivitäten zu verstehen wie Sachbücher lesen, Volkshochschulkurse besuchen, Fachblätter studieren et cetera. Mein Vater fand, dass es zu viele Eltern gibt, die ihren Kindern zwar erzählen, wie wichtig Bildung ist, sich selbst aber nie weiterbilden. Er glaubte, dass Taten mehr bewirken als Worte.

7. Wie gut kennen Sie die Lehrer Ihres Kindes?

____

____

Respektieren Sie diese als Menschen und Vertreter ihres Berufsstandes?

Ja _____ Nein ____

Sind sie die Vorbilder, die Sie sich für Ihre Kinder wünschen?

Ja _____ Nein ____

Dabei geht es gar nicht um Kritik, sondern um Interesse an und Kenntnisse über die Menschen, die mit Ihrem Kind genauso viel Zeit verbringen wie Sie.

8. Wie gut kennen Sie die Freunde Ihres Kindes und deren Eltern?

____

____

Respektieren Sie diese als Menschen und Eltern?

Ja _____ Nein ____

Sind Sie (die Kinder und die Eltern) die Vorbilder, die Sie sich für Ihre Kinder wünschen?

Ja _____ Nein ____

9. Geben Sie Ihrem Kind ein Vorbild, wie Sie es sich für Ihr Kind vorstellen?

Ja _____ Nein ____

10. Wie oft haben Sie Ihr Kind diese Woche in den Arm genommen?

____

____

11. Wie oft haben Sie Ihrem Kind diese Woche gesagt, dass Sie es lieb haben?

____

____

12. Wie oft haben Sie Ihrem Kind diese Woche gesagt: »Ich bin stolz auf dich«?

____

____

Diesen »IQ-Test für Eltern«, wie er das nannte, teilte mein Vater oft aus, wenn Eltern Sturm liefen, weil ihre Kinder schlechte Noten bekommen hatten und die Lehrer dafür verantwortlich machten. Er war felsenfest davon überzeugt, dass die wichtigsten Lehrer – im guten und im schlechten Sinne – letztlich die Eltern sind.

Fast immer wird die Einstellung, die ein Kind zu lebenslangem Lernen und Bildung entwickelt, zu Hause geprägt. Persönlich halte ich es für unwichtig, wie hoch der Finanz-IQ Ihres Kindes heute ist. Wichtig ist, ob es in einem Umfeld aufwächst, das zu lebenslangem Lernen animiert, damit der Finanz-IQ Ihres Kindes weiter steigen kann, wenn es älter wird. Eltern bereiten ihre Kinder in vieler Hinsicht auf ihren späteren Lebensweg vor. Ihnen das Rüstzeug und die Kompetenz zu vermitteln, etwas von Geld zu verstehen und diesbezüglich solide, fundierte Entscheidungen zu treffen, ist ebenso wichtig wie jede andere Fähigkeit im Leben.

ZWEITES KAPITEL:

BAUSTEIN NR. 2

MACHEN SIE UNBEDINGT IHRE HAUSAUFGABEN

Der Hauptunterschied zwischen den Reichen, den Armen und der Mittelschicht liegt in ihren Freizeitbeschäftigungen.

»Hast du deine Hausaufgaben gemacht?«, erkundigte sich meine Mutter.

»Die mache ich, sobald das Spiel zu Ende ist«, entgegnete ich.

»Du hast lange genug gespielt«, meinte sie. »Hör jetzt auf und stecke die Nase in deine Schulbücher. Wenn du schlechte Noten bekommst, kannst du nicht aufs College gehen, und dann findest du später keinen guten Job«, mahnte sie.

»Schon gut, schon gut. Ich packe das Spiel weg, aber erst, wenn ich mir noch ein Hotel gekauft habe.«

»Hör auf deine Mutter und räum das Spiel jetzt gleich weg.«

Das war die Stimme meines Vaters, und sie klang nicht sehr freundlich. Weil ich es besser wusste, versuchte ich erst gar nicht, mehr Zeit zu schinden, sondern hörte auf, zu spielen, und begann, das Spiel zusammenzuräumen. Es tat mir leid um meine kleinen grünen Häuser, die roten Hotels und die Grundstücke, die ich über Stunden zusammengetragen hatte. Mir gehörte beinahe eine ganze Seite des Spielbretts. Doch ich wusste, meine Eltern hatten recht. Am nächsten Tag stand ein Test an, und ich hatte noch nichts dafür gelernt.

Das war die Zeit meines Lebens, in der ich total dem *Monopoly*®-Spiel verfiel. Im Alter von 8 bis 14 Jahren spielte ich regelmäßig. Dann begann ich, an der Highschool Football zu spielen. Ich vermute mal, ich hätte auch weiterhin regelmäßig *Monopoly* gespielt, wenn ich mehr Gleichaltrige gefunden hätte, die dazu Lust gehabt hätten. Doch wenn man erstmal auf der Highschool ist, ist das keine coole Beschäftigung mehr. Obwohl ich seltener spielte, mag ich das Spiel bis heute, und als ich alt genug war, begann ich, es im wirklichen Leben zu spielen.

Bausteine von meinem reichen Vater

In der Zeit ab meinem neunten Lebensjahr bis ich aufs College kam, lernte ich viel über Geld, indem ich für meinen reichen Vater arbeitete. Als Gegenleistung für meine Arbeit opferte er viele Stunden, um seinem eigenen Sohn und mir alles darüber beizubringen, wie man ein Unternehmen leitete, und auch, was ein Investor wissen und können musste. An so manchem Samstag wäre ich eigentlich lieber mit meinen Freunden Surfen gegangen oder hätte einen anderen Sport getrieben. Stattdessen saß ich oft im Büro meines reichen Vaters und lernte von dem Mann, der später einer der reichsten Hawaiianer werden sollte.

Während einer unserer samstäglichen Unterrichtsstunden fragte mein reicher Vater Mike und mich: »Wisst ihr, warum ich immer mehr Geld haben werde als die Leute, die für mich arbeiten?«

Mike und ich saßen ratlos da und überlegten, was wohl die richtige Antwort auf diese Frage sein könnte. Erst erschien uns die Frage ziemlich dumm, doch weil wir meinen reichen Vater kannten, wussten wir, dass wir daraus etwas Wichtiges lernen konnten. Schließlich gab ich die offensichtliche Antwort: »Weil du mehr verdienst als sie.«

»Genau«, bekräftigte Mike. »Dir gehört schließlich die Firma, und deshalb bestimmst du, wie viel du verdienst und wie viel du deinen Leuten bezahlst.«

Grinsend lehnte sich mein reicher Vater in seinem Stuhl zurück. »Es stimmt schon, dass ich bestimmen kann, was ich wem zahle. Doch in Wirklichkeit verdiene ich weniger als viele der Menschen, die für mich arbeiten.«

Ich runzelte die Stirn, und Mike sah seinen Vater misstrauisch an. »Aber wenn dir doch das Unternehmen gehört, wieso verdienen dann andere mehr als du?«, wollte Mike wissen.

»Aus mehreren Gründen«, entgegnete mein reicher Vater.

»Aus welchen denn?«, hakte ich nach.

»Na ja, wenn man ein Unternehmen gründet, ist das Geld anfangs oft knapp, und der Eigentümer ist der Letzte, der etwas davon abkriegt.«

»Du meinst, die Beschäftigten werden grundsätzlich zuerst bezahlt?«, fragte Mike.

Mein reicher Vater nickte. »Ganz richtig. Sie werden nicht nur zuerst bezahlt, sie bekommen auch oft mehr Geld als ich, wenn ich überhaupt bezahlt werde.«

»Aber wieso denn?«, wollte ich wissen. »Warum solltest du ein Unternehmen führen, wenn du als Letzter bezahlt wirst und auch noch weniger verdienst?«

»Weil ein Unternehmer das anfangs oft so machen muss, wenn er möchte, dass sein Unternehmen gut läuft.«

»Das verstehe ich nicht«, meinte ich. »Warum machst du das dann überhaupt?«

»Weil meine Leute für Geld arbeiten und ich, um Vermögen aufzubauen«, erklärte mein reicher Vater.

»Und wenn du das Unternehmen ausbaust? Kriegst du dann mehr Geld?«, fragte Mike.

»Schon möglich. Ich erzähle euch das alles, weil ich möchte, dass ihr den Unterschied zwischen Geld und Vermögen begreift«, fuhr mein reicher Vater fort. »Kann sein, dass ich mich später besser bezahlen kann, aber ich arbeite nicht deshalb so hart, weil ich mehr verdienen will. Ich arbeite so hart, um ein Vermögen aufzubauen, das sich mehrt.«

Mein reicher Vater ließ diese Aussage auf uns wirken, bevor er fortfuhr. »Vielleicht verkaufe ich dieses Unternehmen irgendwann für ein paar Millionen oder ich stelle mir einfach einen Geschäftsführer ein, der es für mich leitet, und baue dann ein anderes Unternehmen auf«, erklärte er uns.

»Ein Unternehmen aufzubauen, ist für dich also gleichbedeutend damit, Vermögen aufzubauen. Und Vermögen ist dir wichtiger als Geld«, meinte ich und versuchte nach Kräften, den Unterschied zwischen Geld und Vermögen zu begreifen.

»Genau«, meinte mein reicher Vater. »Es gibt aber noch einen Grund, aus dem ich kein so hohes Gehalt brauche: weil ich noch andere Einnahmequellen habe.«

»Du meinst, du kriegst Geld, das andere Vermögenswerte abwerfen?«, fragte ich.

Mein reicher Vater nickte bestätigend. »Und genau aus dem Grund habe ich euch beiden diese Frage überhaupt gestellt. Deshalb habe ich euch gefragt, warum ich reicher werde als meine Angestellten, ganz gleich, wer von uns mehr verdient. Ich möchte euch damit unbedingt etwas ganz Wichtiges beibringen.«

»Was denn?«, wollte sein Sohn Mike wissen.

»Dass man nicht am Arbeitsplatz reich wird, sondern zu Hause«, meinte mein reicher Vater. Dazu machte er eine ernste Miene, damit wir nicht auf die leichte Schulter nahmen, was er uns zu sagen hatte.

»Verstehe ich nicht«, entgegnete ich. »Was soll denn das heißen? Wie kann man zu Hause reich werden?«

»Ganz einfach: Am Arbeitsplatz verdient man sein Geld. Und zu Hause entscheidet man, was man damit anfängt. Und reich oder arm wird man dadurch, was man mit seinem Geld anfängt, wenn man es verdient hat«, erklärte mein reicher Vater.

»Das ist ja wie Hausaufgaben«, meinte Mike.

»Genauso ist es«, bestätigte mein reicher Vater. »Und so nenne ich das auch – ich bezeichne Reichwerden als meine Hausaufgabe.«

»Mein Vater bringt sich sehr viel Arbeit mit nach Hause«, wandte ich ein, »aber wir sind trotzdem nicht reich.«

»Tja, dein Vater bringt zwar Arbeit mit nach Hause, aber in Wirklichkeit macht er seine Hausaufgaben nicht«, behauptete mein reicher Vater. »Deine Mutter macht ja auch ihre Hausarbeit, aber das meine ich nicht mit Hausaufgaben.«

»Manchmal arbeitet sie auch im Garten«, ergänzte ich.

Mein reicher Vater lächelte. »Richtig, aber ich meine mit Hausaufgaben etwas ganz anderes als Gartenarbeit.« Dann verriet mir mein reicher Vater etwas, was ich nie wieder vergessen habe.

»Der größte Unterschied zwischen den Reichen, den Armen und der Mittelschicht liegt darin, womit sie sich in ihrer Freizeit beschäftigen.«

»Der größte Unterschied zwischen den Reichen, den Armen und der Mittelschicht liegt darin, womit sie sich in ihrer Freizeit beschäftigen.«

»In ihrer Freizeit«, wiederholte ich konsterniert. »Was meinst du denn mit Freizeit?«

Mein reicher Vater lächelte seinen Sohn und mich einen Moment lang vielsagend an, bevor er fortfuhr.

»Was glaubst du, wie bin ich wohl zu meinem Restaurant gekommen?«, fragte er. »Denkst du, das ist mir zugeflogen?«

»Aber nein«, sagte Mike, »du und Mama habt euch das am Küchentisch überlegt. Dort hattet ihr die Ideen für alle eure Unternehmen.«

»Ganz genau«, meinte mein reicher Vater. »Kannst du dich noch an den kleinen Laden erinnern, den wir vor Jahren hatten?«

Mike nickte. »Ja, klar«, sagte er, »das waren harte Zeiten. Damals war das Geld bei uns ganz schön knapp.«

»Und wie viele Läden haben wir heute?«, fragte mein reicher Vater.

»Schon fünf«, entgegnete Mike.

»Und wie viele Restaurants?«, fragte mein reicher Vater weiter.

»Wir haben sieben Restaurants«, kam es von Mike.

Während ich dasaß und den beiden zuhörte, gingen mir ein paar neue Unterschiede auf. »Du brauchst dir also von diesem Restaurant kein so hohes Gehalt zahlen lassen, weil du noch Einnahmen aus vielen anderen Unternehmen hast?«

»Das ist der eine Teil der Antwort«, meinte mein reicher Vater lächelnd. »Den anderen findest du auf dem *Monopoly*-Brett. Wenn du die *Monopoly*-Regeln verinnerlichst, ist das die beste Hausaufgabe, die du machen kannst.«

»*Monopoly?*« Ich horchte auf. In meinem Kopf hörte ich noch die Stimme meiner Mutter, die mir sagte, ich solle mein *Monopoly*-Spiel wegpacken und meine Hausaufgaben machen. »Wie meinst du das, dass *Monopoly* meine Hausaufgabe sein soll?«

»Das will ich dir zeigen«, meinte mein reicher Vater und öffnete die Schachtel, die das berühmteste Spiel der Welt enthielt. »Was passiert, wenn du über ›Los‹ gehst?«, fragte er.

»Dann kriege ich den dort aufgedruckten Betrag«, entgegnete ich.

»Du kriegst also jedes Mal, wenn du über ›Los‹ gehst, dein Gehalt gezahlt, richtig?«

»Irgendwie schon«, meinte Mike.

»Und was musst du tun, um das Spiel zu gewinnen?«, fragte mein reicher Vater.

»Straßen, Häuser und Hotels kaufen«, warf ich ein.

»Ganz recht«, meinte mein reicher Vater. »Und wenn du Immobilien kaufst, machst du deine Hausaufgaben. Dadurch wirst du reich. Nicht von dem, was du verdienst.«

Mike und ich saßen gefühlt sehr lange stumm da. Schließlich nahm ich meinen Mut zusammen und stellte meinem reichen Vater eine Frage.

»Du willst uns also sagen, dass uns ein hohes Gehalt nicht reich macht?«

»Genau«, bekräftigte mein reicher Vater. »Was du verdienst, macht dich nicht reich. Ob jemand zu den Reichen, zu den Armen oder zur Mittelschicht gehört, richtet sich danach, was er mit seinem verdienten Geld anfängt.«

»Das verstehe ich nicht«, sagte ich. »Mein Vater sagt immer, wenn er mehr Geld verdienen würde, wären wir reich.«

»So denken die meisten«, meinte mein reicher Vater. »Doch in Wirklichkeit machen die meisten Menschen nur mehr Schulden, wenn sie mehr verdienen. Und müssen dann noch mehr arbeiten.«

»Aber warum denn?«, wollte ich wissen.

»Das liegt daran, was sie zu Hause tun. Was sie mit ihrer Freizeit anfangen«, erklärte mein reicher Vater. »Die meisten Menschen wissen nicht so richtig, was sie mit ihrem Geld anfangen sollen, wenn sie es erst verdient haben.«

»Und woher weiß man, wie man reich wird?«, fragte Mike.

»Tja, eine der besseren Formeln zur Vermögensbildung hast du vor deiner Nase – auf dem *Monopoly*-Brett«, meinte mein reicher Vater und zeigte auf das Spielbrett.

»Was denn für eine Formel?«, hakte ich nach.

»Tja, was musst du tun, um das Spiel zu gewinnen?«, fragte mein reicher Vater zurück.

»Man kauft ein paar Straßen. Und dann baut man Häuser darauf «, erwiderte Mike.

»Und wie viele Häuser?«, bohrte mein reicher Vater.

»Vier«, sagte ich, »vier grüne Häuser.«

»Gut«, meinte mein reicher Vater. »Und wenn du die vier grünen Häuser beisammen hast, was machst du dann?«

»Ich gebe die vier grünen Häuser zurück und baue ein rotes Hotel«, sagte ich.

»Und das ist eine Formel für großen Reichtum«, meinte mein reicher Vater. »Hier auf dem *Monopoly*-Brett bekommst du eine der besten Formeln zum Reichwerden, die es auf der Welt gibt. Mithilfe dieser Formel sind viele Leute reicher geworden, als sie es sich je hätten träumen lassen.«

»Du machst Witze«, meinte ich ungläubig. »So einfach ist das bestimmt nicht.«

»Doch, so einfach ist das«, meinte mein reicher Vater mit Nachdruck. »Ich habe einfach jahrelang alles, was mein Geschäft abwarf, in Immobilien gesteckt. Von den Einnahmen aus meinen Immobilienanlagen lebe ich und baue meine Unternehmen weiter aus. Und je mehr Geld mein Geschäft abwirft, desto mehr investiere ich in Immobilien. Mit dieser Formel werden viele Menschen sehr reich.«

»Aber wenn das so einfach ist, warum schaffen es dann nicht mehr Menschen?«, fragte Mike.

»Weil sie ihre Hausaufgaben nicht machen«, erklärte mein reicher Vater.

»Ist das die einzige Formel, um reich zu werden?«, wollte ich wissen.

Mein reicher Vater verneinte. »Aber es ist grundsolider Plan, der vielen Reichen schon jahrhundertelang gute Dienste leistet. Er hat früher schon funktioniert, als es noch Könige und Königinnen gab, und heute funktioniert er immer noch. Der einzige Unterschied ist, dass man heute nicht mehr adelig sein muss, um Immobilien zu besitzen.«

»Dann hast du sozusagen im wirklichen Leben *Monopoly* gespielt?«, fragte Mike.

Mein reicher Vater nickte lächelnd. »Ich beschloss schon vor Jahren, dass mein Plan, reich zu werden, darin bestehen sollte, Unternehmen aufzubauen und über diese Unternehmen dann Immobilien zu erwerben. Und genauso habe ich es gemacht. Selbst als wir noch sehr wenig Geld hatten, habe ich mich nach der Arbeit nach Immobilien umgesehen.«

»Müssen es unbedingt Immobilien sein?«, fragte ich.

»Nein«, entgegnete mein reicher Vater. »Aber wenn du älter wirst und begreifst, wie sich Unternehmensstrukturen, Steuerrecht und Fremdkapital auswirken können, wirst du verstehen, warum Immobilien zu den besten Kapitalanlagen gehören.«

»Worin kann man denn sonst noch investieren?«, wollte Mike wissen.

»Viele Menschen interessieren sich für Aktien und Anleihen«, meinte mein reicher Vater.

»Hast du Aktien und Anleihen?«, fragte ich.

»Schon …«, sagte mein reicher Vater, »aber einen größeren Teil meines Vermögens machen Immobilien aus.«

»Warum denn?«, fragte ich.

»Na ja, weil mir meine Bank jederzeit Geld gibt, um Immobilien zu kaufen, aber wenn ich einen Kredit aufnehmen will, um Aktien zu kaufen, dann runzelt mein Bankberater die Stirn. Mit Immobilien kann ich daher mein eigenes Kapital besser hebeln. Aber darum geht es jetzt gar nicht.«

»Und worum geht es?«, wollte ich wissen.

»Darum, dass man zu Hause reich wird – nicht am Arbeitsplatz«, wiederholte mein reicher Vater. »Ich möchte, dass ihr das begreift. Ob ihr euch später einmal Immobilien oder Aktien oder Anleihen kauft oder ein Unternehmen gründet, ist mir gleich. Aber eines solltet ihr unbedingt wissen: Die wenigsten Menschen werden bei der Arbeit reich. Reich werdet ihr, wenn ihr eure Hausaufgaben macht.«

»Ich hab's kapiert«, sagte ich. »Und was machst du, wenn du hier im Restaurant fertig bist?«

»Gute Frage«, freute sich mein reicher Vater. »Kommt, steigt ins Auto. Wir machen eine kleine Spritztour. Ich zeige euch, was ich nach der Arbeit mache.«

Ein paar Minuten später kamen wir in eine Gegend, in der sich ein Haus an das andere reihte.

»Das sind 80 000 Quadratmeter erstklassiger Grund und Boden«, meinte mein reicher Vater und zeigte auf die ganze Gegend.

»Erstklassig?«, fragte ich misstrauisch. Ich war zwar erst zwölf Jahre alt, aber ich wusste sehr gut, wie ein heruntergekommenes Wohnviertel aussah. »Hier sieht es doch schlimm aus.«

»Dann muss ich euch wohl etwas erklären«, meinte mein reicher Vater. »Stellt euch diese Häuser als grüne Häuschen auf dem *Monopoly*-Brett vor. Alles klar?«

Mike und ich nickten und strapazierten unsere Fantasie. Die Häuser hatten keine Ähnlichkeit mit den sauberen, ordentlichen *Monopoly*-Häuschen. »Und wo ist dann das große rote Hotel?«, fragten wir wie aus einem Munde.

»Das kommt noch«, meinte mein reicher Vater. »Es kommt. Aber es wird kein rotes Hotel sein. In ein paar Jahren wird sich die Stadt dorthin ausdehnen«, erklärte er und zeigte dabei mit dem Finger in die entsprechende Richtung. »Auf der anderen Seite dieses Geländes wird ein neuer Flughafen entstehen.«

»Diese Häuser und Grundstücke liegen also zwischen der Stadt und dem Flughafen?«, fragte ich.

»Genau«, kam es von meinem reichen Vater. »Zum richtigen Zeitpunkt werde ich diese ganzen Mietshäuser hier abreißen lassen und aus den Grundstücken ein Gewerbegebiet machen. Und dann werde ich über eine der wertvollsten Immobilienlagen der ganzen Stadt verfügen.«

»Und was tust du dann?«, fragte Mike.

»Dann mache ich nach derselben Formel weiter«, erklärte uns sein Vater. »Ich kaufe mehr grüne Häuschen, und wenn die Zeit reif ist, verwandle ich sie in rote Hotels oder Gewerbegebiete oder Wohnanlagen oder was die Stadt gerade braucht. Ich bin nicht besonders klug, aber ich weiß, wie man sich nach einem erfolgreichen Plan richtet. Ich arbeite fleißig und mache meine Hausaufgaben.«

Reich wird man zu Hause

Die erste Lektion aus meinem Buch *Rich Dad Poor Dad* lautet, dass die Reichen nicht für Geld arbeiten. Sie konzentrieren sich vielmehr darauf, ihr Geld für sich arbeiten zu lassen. Ich werde nie vergessen, wie ich als kleiner Junge verglich, was ich vom *Monopoly*-Brett wusste und was mir mein reicher Vater im wirklichen Leben zeigte.

> Die erste Lektion aus meinem Buch *Rich Dad Poor Dad* lautet, dass die Reichen nicht für Geld arbeiten. Sie konzentrieren sich vielmehr darauf, ihr Geld für sich arbeiten zu lassen.

Als ich 1973 aus Vietnam zurückkam, belegte ich unverzüglich einen Kurs über Immobilienanlagen, für den im Fernsehen geworben wurde.

Er kostete mich 385 Dollar. Dieser Kurs allein hat mir Millionen eingebracht, und die Einnahmen aus den Immobilien, die Kim und ich uns mithilfe der Formel kauften, die ich aus dem Kurs mitnahm, erkauften uns Freiheit.

Inzwischen sind wir soweit, dass wir nie wieder arbeiten müssten. Trotzdem bauen wir weiter Unternehmen auf. Mit den Einnahmen daraus erwerben wir weitere Vermögenswerte – weitere Unternehmen, Immobilien, Wertpapiere oder Edelmetalle. Doch all dieser Reichtum gründet sich auf folgenden Rat meines reichen Vaters:

»Reich wird man nicht am Arbeitsplatz, sondern zu Hause.« Deshalb sollten auch Sie Ihre Hausaufgaben machen.

DRITTES KAPITEL

BAUSTEIN NR. 3

WAS MÖCHTEN SIE WERDEN, WENN SIE MAL GROSS SIND?

Ich empfehle Ihnen, zu lernen, wie man Unternehmen aufbaut.

Mein gebildeter, armer Vater sagte oft: »Geh zur Schule, schreib gute Noten und suche dir einen sicheren, soliden Job mit guter Bezahlung und hervorragenden Nebenleistungen.«

Mein reicher Vater riet mir etwas anderes: »Ich empfehle dir, zu lernen, wie man Unternehmen aufbaut. Vor allem aber solltest du lernen, wie man investiert.«

Es war mein reicher Vater, der mich mit diesem Diagramm vertraut machte: dem Cashflow-Quadranten.

Darin steht

- **E** für Angestellte (Employee)
- **S** für Selbstständige oder Freiberufler. Darunter fallen auch Kleinunternehmer.
- **B** für Unternehmer (Business Owner)
- **I** für Investoren

Zwischen diesen vier Kategorien (beziehungsweise Einkommensquellen), aus denen sich die Wirtschaft zusammensetzt, gibt es wesentliche emotionale, fachliche und philosophische Unterschiede. Unterschiedliche Charaktere tendieren zu verschiedenen Quadranten. Es ist auch möglich, dass jemand zur selben Zeit in mehr als einem Quadranten tätig ist und daraus Einnahmen bezieht – sogar aus allen vier Quadranten gleichzeitig.

Das ist auch deshalb von Belang, weil mir mein reicher Vater empfahl, Unternehmer zu werden. Er sagte gern: »Wenn du ein erfolgreicher Unternehmer werden und dich im B-Quadranten profilieren möchtest, musst du lernen, mit Menschen aus allen vier Quadranten zusammenzuarbeiten.«

Und weiter: »Welchem Quadranten einer angehört, erkennst du an seinen Aussagen.« Dafür gab mir mein reicher Vater die folgenden Beispiele:

Der E-Quadrant

Wer Einkünfte aus dem E-Quadranten erwirtschaftet, sagt oft Dinge wie: »Ich hätte gern einen soliden, sicheren Job.« Oder: »Was werden denn für Nebenleistungen geboten?« Oder: »Wann bekomme ich eine Gehaltserhöhung?« Mein reicher Vater meinte: »Solchen Menschen ist das Bedürfnis nach Arbeitsplatzsicherheit, geringen Risiken und regelmäßigen Gehaltszahlungen besonders wichtig.«

Der S-Quadrant

Menschen aus dem S-Quadranten äußern sich häufig folgendermaßen: »Ich bekomme 100 Dollar die Stunde.« Oder: »Meine Provision beträgt 6 Prozent des gesamten Verkaufspreises.« Sie sagen auch: »Zeit ist Geld.« So denken sie, weil sie im Grunde ihre Dienste verkaufen – und Zeiteinheiten gegen Geldeinheiten tauschen.

Mein reicher Vater würde sagen: »Solche Leute halten sich für Unternehmer, haben aber eigentlich nur einen Job.« Das sagte er aus gutem Grund, denn ihre Einnahmen versiegen an dem Tag, an dem sie aufhören, zu arbeiten. Mein reicher Vater meinte: »Der Unterschied zwischen einem Selbstständigen und einem Unternehmer: Nimmt sich ein Unternehmer ein Jahr oder mehr Auszeit, kann es durchaus sein, dass sein Unternehmen danach mehr abwirft und besser läuft als zuvor.« Er sagte auch noch, dass ein Selbstständiger besonderen

Wert auf Unabhängigkeit legt – darauf, sein eigener Chef zu sein, ein Rebell oder ein Perfektionist.

Die Hymne solcher Menschen könnte *Nobody Does It Better* sein – oder *My Way* von Frank Sinatra.

Deshalb könnte das S auch für Solo, Superman, Superwoman, Spezialist, Sturkopf … und oft sogar für Sklave seiner Arbeit stehen.

Wenn jemand sagt, dass er seinen Job an den Nagel hängen und sich selbstständig machen möchte, dann zieht der Betreffende in Wirklichkeit von dem E-Quadranten in den S-Quadranten um, glaubt aber, dass er den B-Quadranten ansteuert. Deshalb ist es so wichtig, Kindern frühzeitig die Unterschiede zwischen den einzelnen Quadranten zu erklären. Und die sind gewaltig. Zu viele Menschen landen versehentlich im S-Quadranten statt im B-Quadranten. Man sagt, auch eine Reise über tausend Meilen fängt mit einem einzigen Schritt an. Diese Redensart sollte dringend aktualisiert werden. Es müsste heißen, eine Reise über tausend Meilen sollte mit der Vorstellung davon anfangen, wohin sie geht, damit Sie nicht tausend Meilen in die falsche Richtung laufen – oder in den falschen Quadranten.

Vielfach und auch in diesem Fall könnte das S für Kleinunternehmen (Small Businesses) stehen, die ein großes und wichtiges Segment der Wirtschaft ausmachen. Viele kleine Einzelhändler, Restaurants, Dienstleister und Freiberufler fallen in den S-Quadranten. Sie halten sich zwar für Unternehmer, doch so ein S-Unternehmen ist etwas ganz anderes als ein B-Unternehmen.

Der B-Quadrant

Ob jemand dem B-Quadranten oder dem S-Quadranten angehört, richtet sich danach, ob er über ein System verfügt, das auch ohne seine Beteiligung funktioniert. Vertreter des B-Quadranten arbeiten an einem erfolgreichen System – im Grunde an einem System aus Systemen – und suchen sich gute Leute, um dieses System zu betreiben. Ein herausragender B-Unternehmer richtet sich nach der goldenen Regel der Wirtschaft, die da lautet: Lass OPT (Other People's Time – die Zeit anderer) und OPM (Other People's Money – das Geld anderer) für dich arbeiten.

Zu den berühmteren Vertretern des B-Quadranten zählen Thomas Edison, der Gründer von General Electric, Henry Ford, der Gründer der Ford Motor Company, Bill Gates, der Gründer von Microsoft, aber auch Ray Kroc, der Gründer von McDonald's, Elon Musk, der Gründer von Tesla, und Jeff Bezos, der Gründer von Amazon. Diese Menschen richteten Systeme ein, die es ihnen letztlich erlaubten, ihre Unternehmen sich selbst zu überlassen, sodass diese auch ohne sie fortbestanden (und florierten).

Der I-Quadrant

Menschen aus dem I-Quadranten lassen ihr Geld hart für sich arbeiten. Wer diesem Quadranten angehört, zielt häufig auf Kapitalrendite ab (Return on Investment, kurz ROI).

In welchem Quadranten Sie sich befinden, erkennen Sie ganz einfach daran, woher Ihr Cashflow kommt. Ich zum Beispiel beziehe Einkommen aus den Quadranten B und I.

> In welchem Quadranten Sie sich befinden, erkennen Sie ganz einfach daran, woher Ihr Cashflow kommt – aus E, S, B oder I.

Gleich und gleich gesellt sich gern

Besonders zu beachten ist dabei, dass die Menschen zu verschiedenen Quadranten tendieren. Man könnte auch sagen, dass sich die

Menschen in einem Quadranten oft wesentlich von den Vertretern anderer Quadranten unterscheiden. »Gleich und gleich gesellt sich gern« gilt auch für diejenigen, die in den verschiedenen Quadranten ihresgleichen suchen, ob aus persönlichen Gründen oder weil sie beruflich miteinander zu tun haben …

Wer die meisten Steuern zahlt

Die einzelnen Quadranten unterscheiden sich aber nicht nur durch die unterschiedlichen Charaktere der Menschen, die ihnen angehören, sondern auch dadurch, dass darin jeweils andere Wirtschafts- und Investmentgesetze gelten. Zum Beispiel unterscheidet sich das Steuerrecht für Menschen aus unterschiedlichen Quadranten. Aus steuerlicher Sicht ist der E-Quadrant der schlechteste. Für Angehörige dieses Quadranten gibt es nur wenige Steuerstrategien.

Bedauerlicherweise bleiben viele Menschen ihr Leben lang im E-Quadranten hängen und sind entsprechend unflexibel, wenn es um Steuerplanung oder um die Nutzung der Anreize geht, die das Steuerrecht bietet. Über diese Ungleichbehandlung durch das Finanzamt ärgerte sich mein hochgebildeter Vater sehr, der lebenslang abhängig beschäftigt war. Mein gebildeter Vater verdiente sehr gut und wandte sich an seinen Steuerberater, um seine Steuerlast zu verringern. Doch der hatte ihm nicht mehr zu sagen als: »Kaufen Sie sich ein größeres Haus, damit Sie die Hypothekenzinsen steuerlich geltend machen können.« Mein Vater entgegnete: »Aber ich zahle schon jetzt zu viel Zinsen. Ich möchte mich nicht noch höher verschulden und mehr Geld ausgeben. Ich möchte einfach weniger Steuern zahlen.«

Mein armer Vater wusste, dass mein reicher Vater mehr verdiente als er und weniger Steuern zahlte – und das ärgerte ihn noch mehr. Da meinem Lehrervater nicht klar war, dass für die verschiedenen Quadranten unterschiedliche Steuervorschriften galten, konnte er nicht verstehen, warum er weniger verdiente, aber mehr Steuern zahlte. Oft sagte er erbost: »Alle Reichen sind Betrüger. Ich arbeite so viel mehr, verdiene weniger und zahle trotzdem mehr Steuern.«

Da kommt wieder der Finanz-IQ ins Spiel – also die Fähigkeit, in Bezug auf verschiedene Finanzthemen besser zu differenzieren. Und wer klug mit seinem Geld umgehen möchte, der sollte unbedingt die steuerrechtlichen Unterschiede zwischen den vier verschiedenen Quadranten kennen.

Wegen dieser enormen steuerlichen Unterschiede sagte mein reicher Vater oft: »Die Steuern sind dein größter Aufwandsposten. Und die Vertreter der Sektoren E und S haben darauf den geringsten Einfluss. Wenn du reich werden willst, entscheide dich für den Quadranten, der dir den größten Einfluss auf deine Steuern verschafft. Der Staat bietet in den Sektoren B und I mehr steuerliche Anreize, weshalb ich dir empfehle, als Erstes zu lernen, wie du in diesen Quadranten tätig werden kannst.«

Das geht bei uns nicht

Wenn ich irgendwo auf der Welt vor ganz verschiedenen Gruppen über Anlage- oder Steuerstrategien spreche, stoße ich oft auf Widerspruch. »Das geht bei uns nicht«, heißt es dann. Das wundert mich stets … denn oft mache ich genau dort genau das, was angeblich nicht geht. Als Erstes frage ich die Leute grundsätzlich, aus welchem oder welchen Quadranten sie derzeit den Großteil ihres Einkommens beziehen.

Ich weiß noch, wie ich eines Tages aus der Schule kam und zu meinem gebildeten Vater sagte: »Hey, Dad, Mikes Vater hat sich gerade ohne eigenes Geld drei Häuser gekauft und diese für das Doppelte des gezahlten Preises weiterverkauft. Damit hat er in nicht einmal drei Tagen fast 20 000 Dollar verdient. Außerdem muss er auf den Gewinn keine Steuern zahlen, sagt er.«

Mein Vater, der damals in den 1960er-Jahren kaum mehr als 20 000 Dollar brutto im Jahr verdiente, legte seine Zeitung beiseite und meinte: »Das geht gar nicht. Das verstößt gegen das Gesetz.« Dann nahm er seine Zeitung wieder zur Hand und las weiter. So lernte ich, als ich noch auf die Highschool ging, eine wertvolle Lektion fürs Leben. Diese lautete: Nur weil jemand sagt: »Das geht nicht«, heißt das noch lange nicht, dass es wirklich nicht geht. Es bedeutet lediglich, dass es der Betreffende nicht kann. Und der Grund dafür könnte sein, dass er einem anderen Quadranten angehört ..., in dem andere Regeln und Gesetze gelten.

Als ich noch auf die Highschool ging, lernte ich eine wertvolle Lektion fürs Leben. Diese lautete: Nur weil jemand sagt: »Das geht nicht«, heißt das noch lange nicht, dass es wirklich nicht geht. Es bedeutet lediglich, dass es der Betreffende nicht kann. Und der Grund dafür könnte sein, dass er einem anderen Quadranten angehört ..., in dem andere Regeln und Gesetze gelten.

Unterschiede

1. Sorg dafür, dass die Leiter dir gehört

Mein hochgebildeter Vater kannte nur den E-Quadranten. Ein sicherer Arbeitsplatz war ihm sehr wichtig. Vom I-Quadranten wusste er nichts, und die Kapitalanlage war für ihn auch kein wichtiges Thema. Er setzte darauf, dass er später mal eine staatliche Rente und eine Zusatzrente von der Lehrergewerkschaft bekommen würde. Dieses Paradigma – dieses Gefüge aus Regeln und Überzeugungen – veranlasste ihn zu Aussagen wie: »Schreib gute Noten, damit du einen soliden, sicheren Job findest.« Ein solider, sicherer Job hatte für ihn oberste Priorität, und es war seine einzige Priorität. Er teilte die starke Mittelschichtsüberzeugung, dass man hart arbeiten und in einem großen Unternehmen oder beim Staat die Karriereleiter erklimmen sollte.

Mein reicher Vater ermunterte seinen Sohn und mich dazu, dafür zu sorgen, dass diese Leiter uns gehörte. Statt für ein Unternehmen zu arbeiten, sollten wir eigene Unternehmen besitzen. Statt uns einen Job zu suchen, wollte er, dass wir Arbeitsplätze schufen. Dafür mussten wir genauer zwischen den verschiedenen Bildungsvoraussetzungen für die unterschiedlichen Quadranten unterscheiden.

> Mein armer Vater teilte die starke Mittelschichtsüberzeugung, dass man hart arbeiten und in einem großen Unternehmen oder beim Staat die Karriereleiter erklimmen sollte. Mein reicher Vater ermunterte seinen Sohn und mich dazu, dafür zu sorgen, dass diese Leiter uns gehörte.

2. Mach Pläne für dein Geld

Mein reicher Vater wollte, dass ich investieren lernte, noch bevor ich die Schule verließ. Er wollte, dass ich mir vorher überlegte, was ich mit meinem Geld anfangen würde – noch bevor ich es verdient hatte. Er sagte oft: »Wenn du dir nicht überlegst, was du mit deinem Geld machen willst, tun das andere für dich.«

Mein reicher Vater erzählte mir immer wieder: »Die Falle, in die die meisten Menschen tappen, sieht so aus: Sie beziehen ein Gehalt aus dem E-Quadranten, dann kaufen sie sich ein Haus und gründen eine Familie. Bald verdienen sie mehr Geld, zahlen mehr

Steuern und verschulden sich immer höher. Und irgendwann trifft es bald tatsächlich zu, wenn so ein Mensch sagt: ›Ich kann es mir nicht leisten, Geld anzulegen. Ich verdiene zu viel und muss zu viele Rechnungen bezahlen.‹«

Dann führte er noch aus, dass dieselben Leute erst sagen, sie müssten sich um Kapitalanlage keine Gedanken machen, weil sie noch so jung seien, und am Ende (wenn die Kinder aus dem Haus sind und sie ihre Hypothek abgezahlt haben) feststellen: »Jetzt bin ich zu alt, um Geld anzulegen. Das bringt mir nichts, weil ich nicht mehr genug Lebenszeit habe.«

Mein reicher Vater sagte immer: »Investieren ist eine Funktion von Zeit und Geld. Wer früh damit anfängt, hat viel Zeit und braucht nicht so viel Geld. Wer spät anfängt, hat wenig Zeit und braucht viel mehr Geld. Also fang früh damit an. Lerne, zu investieren, bevor du lernst, wie man immer mehr Schulden macht.«

3. Werde erst Investor. Mache dann Karriere.

Mein Lehrervater, der arme Vater, sagte oft: »Ich werde nie reich, weil ich Lehrer bin, und Lehrer verdienen nun einmal nicht so viel.« Mein reicher Vater sagte: »Wenn du in erster Linie Investor bist, kannst du alles werden, was du möchtest, und trotzdem finanziell unabhängig sein.« Ich glaube, das ist ein sehr wichtiger Unterschied. Ich habe Eltern ihren Kindern oft Dinge sagen hören wie: »Werde nicht Sozialarbeiter, die verdienen nicht so viel.« Oder: »Mir egal, ob du eigentlich Tänzerin werden willst. Du studierst auf jeden Fall Medizin, denn Ärzte verdienen viel Geld.« Mein reicher Vater forderte mich auf, erst einmal Investor zu werden, denn als Investor konnte ich jeden Berufsweg einschlagen, ganz gleich, wie viel ich verdiente. Er sagte oft: »Sei in erster Linie Investor, dann kannst du tun, was du möchtest, statt dir deinen Beruf danach auszusuchen, wie viel du verdienst.«

> »Wenn du in erster Linie Investor bist, kannst du alles werden, was du möchtest, und trotzdem finanziell unabhängig sein.«

Nachdem wir *Monopoly* gespielt hatten, zeigte mir mein reicher Vater, wie seine grünen Häuschen und roten Hotels in Wirklichkeit aussahen. Rückblickend war es dieser Zusammenhang zwischen dem Spiel und den echten Häusern, der sich enorm darauf auswirkte, für welche Quadranten ich mich schon entschied, als ich noch keine zwölf Jahre alt war.

Nachdem er mir die Häuser gezeigt hatte, in die er investierte, gab er mir immer wieder ganz konkret Einblick in alle Aspekte seiner vielen Unternehmen. Er sagte oft: »Ich bin Unternehmer, weil mir die Freiheit zum Investieren zusagt, die ich dadurch genieße. Ein gut geführtes Unternehmen wirft für mich das Geld ab, das ich dann nach Gutdünken anlegen kann. Der Hauptgrund dafür, Unternehmer zu sein, ist, dass ich über das Unternehmen Vermögen aufbauen kann. Viele Menschen können es sich nicht leisten, Immobilien zu kaufen, weil das viel Kapital und Zeit erfordert. Als Unternehmer habe ich das Geld und die Zeit, mir meine Immobilien und Wertpapiere zu kaufen.«

Vielleicht wissen Sie noch, dass der McDonald's-Gründer Ray Kroc sagte, er sei nicht im Hamburgergeschäft tätig, sondern im Immobiliengeschäft. Genauso dachte mein reicher Vater.

Wenn ich mit reichen Eltern spreche, stelle ich oft fest, dass sie ihre Kinder deren eigenes Geld selbst investieren lassen oder mit ihnen sogar in ein Maklerhaus gehen, um für eine solide Lernerfahrung zu sorgen. Viele ihrer Kinder verfügen bereits über größere Investmentportfolios, die sie persönlich verwalten, noch bevor sie die Highschool abschließen.

Im Fernsehen habe ich eine Sendung mit dem Titel *Sons and Daughters at the Office* gesehen. Damit sollten Eltern ermuntert werden, ihre Kinder mit ins Büro zu nehmen, um ihnen zu zeigen, was Mama oder Papa den ganzen Tag machten. Inzwischen gibt es viele solcher Aktionen, die dasselbe bewirken sollen. In einer anderen Sendung wurde eine Kita in einem Bürokomplex vorgestellt, in der Eltern ihr Kind während der Arbeitszeit in ihrer unmittelbaren Nähe betreuen lassen konnten. So etwas stärkt den E-Quadranten weit mehr als den I-Quadranten. Den Eltern sagen solche Programme zu, weil sie nach wie vor den größten Wert auf einen sicheren Job oder Beruf legen – den zentralen Wert des E-Quadranten.

Es bleibt also den Eltern überlassen, welchen Quadranten sie für ihre Kinder durch ihre Erziehung und ihren Einfluss besonders interessant machen. Wenn Eltern mit ihren Kindern das Spiel *CASHFLOW* spielen, machen sie diese nach und nach mit den Unterschieden zwischen den vier Quadranten, den verschiedenen Einkommensarten, die die Quadranten jeweils abwerfen, und mit der Erkenntnis vertraut, wie wichtig es ist, schon in jungen Jahren zu investieren.

Mein reicher Vater schrieb dazu Folgendes:

Prioritäten der Armen und der Mittelschicht

1. Arbeitsplatzsicherheit
2. Konsum, um es sich gutgehen zu lassen
3. Sparen
4. Investieren (wenn noch Geld übrig ist)

Prioritäten der Reichen

1. Vermögensbildung durch ein Anlageportfolio
2. Erfüllung im Beruf
3. Sparen
4. Konsum, um es sich gutgehen zu lassen

Er sagte: »Die Reichen sind nicht unbedingt klüger. Sie setzen nur andere Prioritäten.« Es stellt sich die Frage: »Wollen Sie Ihren Kindern die Prioritäten der Reichen vermitteln? Oder die Prioritäten der Armen und der Mittelschicht?«

> »Die Reichen sind nicht unbedingt klüger. Sie setzen nur andere Prioritäten«, sagte mir mein reicher Vater. »Es stellt sich die Frage: ›Willst du deinen Kindern die Prioritäten der Reichen vermitteln? Oder die Prioritäten der Armen und der Mittelschicht?‹«

Kurz, mein **armer Vater** sagte, dieser Quadrant sei der erste, den man kennenlernen sollte:

Mein **reicher Vater** fand, dieser Quadrant sei der erste, den man kennenlernen sollte:

VIERTES KAPITEL

BAUSTEIN NR. 4

DIE DREI UNTERSCHIEDLICHEN EINKOMMENSARTEN

Zu wissen, was Sie mit Ihrem Geld anfangen sollen, ist genauso wichtig wie die Frage, wie Sie sich Ihr Geld verdienen wollen.

In meinem Buch *Rich Dad Poor Dad* erzähle ich, wie ich mit neun Jahren anfing, für meinen reichen Vater zu arbeiten. Damals befüllte ich die Regale in einem seiner kleinen Lebensmittelmärkte mit Konserven. Er zahlte mir 10 Cent die Stunde. Nachdem ich das eine ganze Weile gemacht hatte, bat ich ihn um eine Gehaltserhöhung. Stattdessen strich er mir meine 10 Cent und erklärte mir, ich solle künftig unbezahlt für ihn arbeiten – was ich auch tat.

Von allen Geschichten aus diesem Buch sorgte diese für die interessantesten Reaktionen. Ein Freund von mir, der Arzt ist, sagte, er hätte das Buch an dieser Stelle am liebsten aus der Hand gelegt, meinen reichen Vater aufgesucht und ihm die Meinung gesagt. Zum Glück hat er dann doch weitergelesen und herausgefunden, wie wertvoll die Lektion, die mir mein reicher Vater damit erteilt hatte, auf lange Sicht war. Sie lautet: »Die Reichen arbeiten nicht für Geld.« Dazu gehörte auch, dass die Reichen wissen, wie man Geld für sich arbeiten lässt. Dadurch wird man reich – nicht durch ein hohes Gehalt oder durch Lohnerhöhungen.

> Die Lektion meines reichen Vaters lautete: »Die Reichen arbeiten nicht für Geld.« Dazu gehörte auch, dass die Reichen wissen, wie man Geld für sich arbeiten lässt. Dadurch wird man reich - nicht durch ein hohes Gehalt oder Lohnerhöhungen.

Im Grunde lehrte er mich damals, zwischen den verschiedenen Einkommensarten zu unterscheiden. Ein paar Jahre später, als ich mich mit Einkommen, Geld, Bilanzierung und Steuern schon besser auskannte, sagte mein reicher Vater zu mir: »Es gibt drei Arten von Einkommen, nämlich Erwerbseinkommen, passives Einkommen und Einkommen aus Kapitalanlagen. Wenn du reich werden willst, dann setze alles daran, Erwerbseinkommen in passives Einkommen oder Einkommen aus Kapitalanlagen umzuwandeln. Wer passives Einkommen oder Einkommen aus Kapitalanlagen hat, der lässt sein Geld für sich arbeiten, statt selbst für das Geld zu arbeiten.«

Er erklärte mir auch noch, dass Erwerbseinkommen von den drei Einkommensarten am höchsten besteuert wird. Das ist so, weil es primär aus den Quadranten E und S stammt. Die Einkommensarten, die am geringsten besteuert werden beziehungsweise, was noch wichtiger ist, auf die man hinsichtlich der zu zahlenden Steuern den größten Einfluss hat, sind Einkommen aus Kapitalanlagen und passives Einkommen.

Einkommen aus Kapitalanlagen stammt generell aus Wertpapieren wie Aktien und Anleihen. Passives Einkommen wird im Allgemeinen von Immobilien abgeworfen.

Mein reicher Vater ließ mich unter anderem aus dem Grund unbezahlt arbeiten, weil er auf keinen Fall wollte, dass ich nach Erwerbseinkommen »süchtig« wurde, wie er das nannte. Er pflegte zu sagen: »Erwerbseinkommen bedeutet, dass du für Geld arbeitest – und die Reichen arbeiten nicht für Geld.« Indem er mir meine 10 Cent pro Stunde strich, brachte er mir von vornherein bei, mir passives Einkommen und Einkommen aus Kapitalanlagen zu verschaffen.

Er sagte mir nicht, ich solle aufhören, *Monopoly* zu spielen, sondern ermunterte mich stattdessen, das Spiel so oft wie möglich zu spielen. Während unserer samstäglichen Unterrichtstunden zog er das Spiel manchmal hervor und spielte gegen seinen Sohn und mich, um uns so beizubringen, was passives Einkommen ist.

Mein reicher Vater sagte: »Aus dem *Monopoly*-Spiel könnt ihr eine der wichtigsten Formeln fürs Reichwerden lernen. Es ist eine einfache Formel, aber eine, die Leute wie mich sehr, sehr reich gemacht hat. Spielt das Spiel und lernt die Formel. Fangt klein an, kauft auch ein grünes Häuschen und dann noch eins, bis ihr vier davon zusammenhabt. Tauscht sie dann gegen ein rotes Hotel.« Er setzte noch hinzu: »Wenn ihr das im wirklichen Leben so macht, werdet ihr langsam, aber sicher unermesslich reich. Vergesst nicht: Immobilien sind eine wichtige Grundlage für echten Reichtum.«

Dann erklärte uns mein reicher Vater noch, dass Einkommen aus Kapitalanlagen, wobei es sich meist um Erträge aus Wertpapieren handelt, ebenfalls hervorragendes Einkommen ist. Er sagte: »Die verschiedenen Einkommensarten haben ihre Vor- und Nachteile. Aktien und Anleihen kann man leichter kaufen, verkaufen und verwalten als Immobilien, und man kann damit oft schneller reich werden. Doch Immobilien bieten mehr Steuervorteile als Wertpapiere, und die Banken geben dafür gern langfristige Kredite zu günstigen Zinsen.«

In einer der samstäglichen Unterrichtsstunden bei meinem reichen Vater fragte ich ihn: »Was ist besser? Aktien oder Immobilien?«

Er antwortete: »Beides. Beides hat Vor- und Nachteile. Und beide Anlageklassen weisen Ähnlichkeiten und Unterschiede auf. Du musst lernen, mit beiden Arten von Vermögenswerten umzugehen. Wenn du das lernst, dann weißt du, wie du an passives Einkommen und Einkommen aus Kapitalanlagen kommst.« Außerdem sagte er noch: »Wenn du klug mit Geld umgehen möchtest, musst du lernen, wie man richtig in Immobilien und in Wertpapiere investiert.«

Es gibt immer andere, die etwas mit Ihrem Geld anzufangen wissen

Als wir an einem Samstag mit meinem reichen Vater *Monopoly* spielten, erzählte ich ihm, wie mich mein Vater aufgefordert hatte, das Spiel wegzupacken und meine Hausaufgaben zu machen. Mein reicher Vater hörte mir aufmerksam zu und sagte dann: »Wenn du reich werden willst, brauchst zu zwei Pläne – einen, wie du Geld verdienen willst, und einen zweiten dazu, was du anschließend mit dem Geld anfangen willst. Der zweite Plan ist dabei der wichtigere von den beiden.«

»Was soll das heißen, zwei Pläne?«, fragte ich.

Mein reicher Vater dachte kurz nach und sagte dann gedehnt. »Als dir dein Vater gesagt hat, du sollst das Spiel wegräumen und deine Hausaufgaben machen, hat er dich gebeten am ersten Plan zu arbeiten.«

»Am ersten Plan?«, wiederholte ich verwirrt.

»Wenn er zu dir sagt: ›Schreib gute Noten, damit du einen guten Job findest‹, gibt er dir damit einen guten Rat, wie du eine lukrative Stelle findest, damit du Geld verdienen kannst.«

»Aber er hat keinen zweiten Plan«, warf Mike ein. »Und darauf solltest du dich konzentrieren.«

Mein reicher Vater nickte beifällig und sagte: »Wenn du nicht weißt, was du mit deinem Geld anfangen sollst – da draußen warten Millionen von Menschen, die das gerne für dich übernehmen. Und weil die meisten Menschen keinen richtigen Plan haben, was sie mit ihrem Geld anfangen wollen, wenn sie es verdient haben, stehen sie früher oder später mit finanziellen Probleme da.«

Ich dachte darüber nach und wiederholte, was ich verstanden hatte: »Du lässt mich also *Monopoly* spielen, weil du möchtest, dass ich etwas mit meinem Geld anzufangen weiß, noch bevor ich es verdient habe.«

Wieder nickte mein reicher Vater. »Man hört viel zu oft Leute sagen: ›Ich weiß, ich sollte sparen, aber ich habe einfach kein Geld übrig, um es auf die hohe Kante zu legen.‹ Oder: ›Ich weiß, ich sollte Geld anlegen, aber das ist mir zu riskant.‹ So reden Menschen, die zwar gelernt haben, wie man Geld verdient – Plan eins –, aber eigentlich nie einen Plan zwei hatten. Und deshalb wurde ihr Geld von *anderen* verplant.«

»*Monopoly* zu spielen, ist also ein wesentlicher Teil unserer Ausbildung?«, fragte ich begeistert – begeistert deshalb, weil ich eine Ausrede suchte, um noch viel häufiger zu spielen.

»Genau«, meinte mein reicher Vater. »Ebenso wie der Schulunterricht. Und du solltest unbedingt daraus lernen, dass du zwei Pläne für dein Geld brauchst.«

»Einen Plan, der mir sagt, wie ich durch Arbeit Erwerbseinkommen erzielen kann. Und einen zweiten, der mir sagt, wie ich aus dem Erwerbseinkommen passives Einkommen und Einkommen aus Kapitalanlagen machen kann«, rekapitulierte ich.

Mein reicher Vater nickte zustimmend. »Ich würde dir sogar empfehlen, dich nach dem College, wenn du anfängst, Geld zu verdienen, nicht darauf zu fokussieren, wie du mehr Erwerbseinkommen erwirtschaften kannst, sondern darauf, wie du mehr passives Einkommen und Einkommen aus Kapitalanlagen erzielen kannst, bevor du 40 bist. Mit 40 reich und finanziell unabhängig zu sein, wäre ein großartiges Ziel. Und dafür brauchst du passives Einkommen und Einkommen aus Kapitalanlagen.«

> »Vor allem musst du lernen, dass du zwei Pläne für dein Geld brauchst. Einen Plan, der dir sagt, wie du durch Arbeit Erwerbseinkommen erzielen kannst. Und einen zweiten, der dir sagt, wie du aus dem Erwerbseinkommen passives Einkommen und Einkommen aus Kapitalanlagen machen kannst«, erklärte mein reicher Vater.

Wann sollten Kindern wissen, was sie mit dem Geld anfangen wollen, das sie einmal verdienen werden?

Vor Jahren gab ich einen Kurs für 15-jährige Schüler in San Francisco. Es waren gute Schüler aus armen Familien, die an eine innovative neue Schule gekommen waren. Während meines Vortrags über Finanzkompetenz fragte ich in den Raum hinein: »Was habt ihr nach der Schule vor?«

Prompt meldete sich ein junger Mann und platzte heraus: »Ich suche mir einen hochdotierten Job und dann kaufe ich mir einen schicken Sportwagen. Später heirate ich, gründe eine Familie und lebe in einem tollen Haus.« Er erntete Beifall und Zustimmung.

Als wieder Ruhe eingekehrt war, fragte ich: »Und Geld anlegen wollt ihr nicht?«

Derselbe junge Mann hob wieder die Hand, aber diesmal nur, um abzuwinken. »Oh Mann, soll ich denn das Schönste im Leben verpassen? Ich muss doch noch nicht über Geldanlage nachdenken, ich bin noch so jung.«

Werde ich gefragt, wann ein Kind wissen sollte, was es mit dem Geld anfangen will, das es später einmal verdient, denke ich immer an jenen jungen Mann und seine Klassenkameraden. Er hatte ganz offensichtlich schon einen Plan, was er mit dem Geld anfangen wollte, das er einmal verdienen würde – und der sah vor, dass das meiste Geld in den Taschen anderer landen würde.

Mein reicher Vater hätte auf diese Frage geantwortet: »Je früher, desto besser. Wenn man nicht selbst mit seinen Kindern darüber spricht, was sie einmal mit ihrem Geld anfangen sollen, dann sind da genügend andere, die das übernehmen werden.«

Zusammenfassung

Es gibt drei Arten von Einkommen:

1. Erwerbseinkommen – dann arbeiten Sie für Ihr Geld.
2. Passives Einkommen – dann arbeitet Ihr Geld für Sie.
3. Einkommen aus Kapitalanlagen – dann arbeitet Ihr Geld für Sie.

Sie brauchen zwei Pläne für Ihr Geld:

1. Einen Plan, um es zu verdienen.
2. Einen Plan, damit Sie wissen, was Sie damit anfangen sollen, wenn Sie es verdient haben.

Zu wissen, was Sie mit Ihrem Geld anfangen sollen, ist ebenso wichtig wie der Plan dazu, wie man es verdient. Je früher Ihre Kinder im Rahmen Ihrer Pläne, wie Sie Ihr Geld behalten wollen, über Kapitalanlage nachdenken, desto eher wird das eintreten.

FÜNFTES KAPITEL

BAUSTEIN NR. 5

STELLEN SIE SICH IHR ZEUGNIS SELBST AUS

Ihr Rechnungsabschluss ist
Ihr Zeugnis im wirklichen Leben.

Die schlimmsten Schultage waren für mich, wenn es Zeugnisse gab. Obwohl ich beim Studierfähigkeitstest überdurchschnittlich abgeschnitten habe, war ich in der Schule eher mittelmäßig bis schlecht. Meine Zeugnisse hätte ich am liebsten versteckt und meinen Eltern gar nicht gezeigt, aber als Leiter der Bildungsbehörde in unserem Bundesstaat wusste mein Vater natürlich, wann es Zeugnisse gab. Sobald er nach Hause kam, fragte er: »Wo ist dein Zeugnis?«

Meine Mutter sagte beim Anblick meiner wenig glanzvollen Noten immer dasselbe: »Wer liest, hat die Nase vorn. Wer die Nase vorn hat, liest. Wenn du mehr lesen würdest, hättest du auch bessere Noten.« Ich wusste natürlich, dass sie recht hatte, aber ich interessierte mich einfach nicht für die Bücher, die ich nach Ansicht meiner Lehrer lesen sollte.

Meine Mutter war eine gute Mutter. Sie war ausgesprochen liebevoll und nahm ihre Kinder ständig in den Arm – und unsere Freunde gleich mit. Und sie machte sich Gedanken um uns und um unsere Zukunft. Deshalb hielt sie uns auch ständig zum Lesen an, obwohl sie selbst nur selten ein Buch in die Hand nahm.

Mein hochgebildeter Vater dagegen war ein eifriger Leser. Ich würde sagen, er las jede Woche ein Buch – Romane ebenso wie Sachbücher. Er forderte uns zwar selten zum Lesen auf, ging uns aber mit gutem Vorbild voran. Und zu meinen nicht gerade eindrucksvollen Noten sagte er sehr wenig. Drängte ihn meine Mutter, mit mir darüber zu sprechen, meinte er nur: »Streng dich im nächsten Quartal mehr an.« Für meinen Vater waren gute Noten kein Thema, für meine Mutter schon.

Als ich immer mehr Zeit mit meinem besten Freund Mike und dessen Vater – meinem reichen Vater – verbrachte, fingen meine Eltern an, sich Sorgen zu machen. Schließlich hatte mein reicher Vater keinen Schulabschluss, kam nicht aus der »richtigen Gegend« und war Unternehmer und Investor. Meine hochgebildeten Eltern befürchteten, er könne einen schlechten Einfluss auf mich ausüben.

Eines Abends, ich war gerade 15 geworden, bat mich mein Vater, mich in seinem winzigen, beengten Lesezimmer zu ihm zu setzen. Er legte sein Buch zur Seite, sammelte sich, holte tief Atem und sagte dann: »Mein Sohn, deine Mutter und ich finden es bedenklich, dass du so viel Zeit mit Mike und seinem Vater verbringst.«

Verwirrt und einigermaßen fassungslos fragte ich: »Aber warum denn?«

»Na ja, du verbringst immer mehr Zeit mit ihnen. Mike und du, ihr geht surfen und sitzt bei seinem Vater im Büro. Und am Wochenende verbringst du ein bisschen zu viel Zeit damit, für seinen Vater zu arbeiten.«

»Was ist denn daran falsch?«, wollte ich wissen.

»Wir machen uns Gedanken darüber, welchen Einfluss er auf dein Leben ausübt«, meinte mein Vater freundlich. »Wir finden, du solltest mehr Zeit mit anderen jungen Leuten verbringen und machen, was man in eurem Alter so macht.«

»Du meinst, ich soll rauchen und im Einkaufszentrum herumhängen?«, fragte ich sarkastisch. »Dazu habe ich aber keine Lust.«

»Nein, das meine ich nicht«, entgegnete mein Vater. »Wir sind froh, dass du nicht rauchst und nicht den ganzen Tag im Einkaufszentrum herumlungerst. Uns macht nur Sorgen, dass Mikes Vater keinen Schulabschluss hat. Er liest nicht viel – weil er nicht so gut lesen kann, nehme ich an. Und wir befürchten, er könnte einen negativen Einfluss auf deine Zukunft haben. Außerdem geht er keiner regelmäßigen Arbeit nach und ist stadtbekannt, weil ihm so viele Immobilien in Elendsvierteln gehören.«

Ich traute meinen Ohren nicht. Ich brauchte einen Moment, um meine Gedanken zu ordnen und zu verdauen, was mein Vater gerade gesagt hatte. Doch dann antwortete ich: »Mikes Vater verbringt mehr Zeit mit mir als ihr beide zusammen, *weil* er keiner regelmäßigen Arbeit nachgeht. Er hat so viel Zeit, weil er Unternehmer ist und in Immobilien investiert. Er weiß, wie wichtig die Schule ist. Er hält Mike und mich dazu an, viel für die Schule zu tun. Aber er bringt mir auch bei, was man über Geld wissen muss – und das ist ebenfalls wichtig, wenn ich eines Tages selbst Unternehmer und Investor werden möchte. Und was die Elendsviertel angeht, so sagt er von sich, dass er Wohnraum für Einkommensschwache bereitstellt.«

Zwei Welten

Ich war ungefähr 15 Jahre alt, als mir klar wurde, dass es zwei ganz unterschiedliche Welten gab. Eine war die Welt meiner Eltern. Die meisten ihrer Freunde und Verwandten waren Beamte, die in der Schulverwaltung oder als Collegeprofessoren arbeiteten. Die meisten hatten studiert und waren stolz auf ihre Beamten- oder Lehrerlaufbahn. Auf Partys drehten sich die Gespräche um staatliche Gelder, Zuschüsse, Gehaltserhöhungen, Festanstellungen, Sabbaticals, Urlaubstage, Beförderungen, Titel und Nebenleistungen. Die meisten setzten sich engagiert für das Wohl der Gesellschaft ein.

Die andere Welt war die Welt meines reichen Vaters – eine Welt voller Unternehmer, Banker, Anwälte, Steuerberater, Makler, Investoren und anderen Mitgliedern der Geschäftswelt. Auf ihren Partys wurde vom Markt gesprochen, von KGVs, von Neuemissionen, IPOs, Immobilienabteilungen, Personalproblemen, Steuern, Änderungen am Steuerrecht, Politikern und darüber, wer das meiste Geld verdiente.

Einer der Vorteile, die es hatte, mit zwei verschiedenen Welten in Berührung zu kommen, war, dass ich mich mit der Zeit in beiden Welten auskannte. Ich sah ihre jeweiligen Vorzüge und ihre Grenzen. Ich bemerkte auch den Unterschied zwischen den Geschäftsleuten, die Finanzbildung besaßen, und den gebildeten Kreisen, die überwiegend akademisch gebildet waren. Ich sah das Leben aus einer eher sozialistischen und aus kapitalistischer Perspektive. Die Einstellung konnte man an den Autos ablesen, in denen die Gäste vorfuhren. Die einen kamen in alten Chevrolets, die anderen in neuen Cadillacs. Vor allem aber fiel mir auf, dass beide Gruppen mit ihren Berufen sehr glücklich zu sein schienen. Und dass sie einander sehr misstrauisch beäugten. Die Beamten und Lehrer misstrauten den Geschäftsleuten. Die Geschäftsleute schimpften auf die Beamten und auf die Verschwendung im Staatsapparat und die Schulen, die keine qualifizierten Fachkräfte hervorbrachten. Doch abgesehen von solchen Nebensächlichkeiten konnte ich sowohl die Bedeutung der akademischen Bildung als auch die der Finanzbildung würdigen. Ich übernahm von beiden Gruppen unschätzbare Erkenntnisse und Werte.

Die Grundlagen der Finanzbildung

Unser Bildungssystem fokussiert sich vor allem auf die akademische Bildung. Ein hoher IQ bezieht sich oft auf akademisch besonders begabte Menschen. Zum Thema Finanzkompetenz hat unser Bildungssystem leider wenig bis gar nichts zu sagen. Es gibt diesbezüglich zwar gewisse Fortschritte, doch die Finanzbildung von Schülern lässt immer noch viel zu wünschen übrig. Meiner Ansicht nach sind beide Arten von Bildung wichtig. Heute arbeiten auch viele Arbeitnehmer eher freiberuflich als in langen Beschäftigungsverhältnissen. Und in einer solchen Welt ist sowohl akademische Bildung als auch Finanzkompetenz gefragt. Mein Buch *Rich Dad Poor Dad* ist in erster Linie ein Buch über Finanzverstand, der auf Finanzbildung beruht. Der folgende Rechnungsabschluss, der die Gewinn-und-Verlust-Rechnung und die Bilanz umfasst, bildet die Grundlage der Finanzkompetenz.

GEWINN-UND-VERLUST-RECHNUNG

BILANZ

Mangelnde Finanzkompetenz hat zwei Hauptprobleme zur Folge:

Problem Nr. 1

Betroffene können einen Vermögenswert nicht von einer Verbindlichkeit unterscheiden.

In *Rich Dad Poor Dad* erregte die Aussage »Ihr Eigenheim ist kein Vermögenswert« einiges Aufsehen. Manche hängten sich daran auf, weil es ihren zentralen Überzeugungen widersprach. Hier die Begründung.

Mein Lehrervater sagte immer: »Unser Eigenheim ist ein Vermögenswert und unsere größte Investition.« Mein reicher Vater war insofern seiner Meinung, als er das Haus für eine Investition hielt. Er sah es aber nicht als Vermögenswert an. Sein Kommentar dazu: »Das Haus deines Vaters ist kein Vermögenswert. Und wenn es seine größte Investition ist, dann steckt deine Familie in großen finanziellen Schwierigkeiten.«

Mein reicher Vater sagte stets: »Wenn du Finanzverstand hast, dann siehst du, wohin das Geld fließt.«

Wenn ich einen Abschluss anschaue, dann interessiert mich die Richtung der Cashflows. Im Geschäft und in der Kapitalanlage ist Cashflow das A und O.

»Für einen Unternehmer und Investor ist der Cashflow wie das Blut, das durch den menschlichen Körper fließt. Blutet der Körper aus, wird es brenzlig«, meinte mein reicher Vater. »Deshalb haben so viele Menschen und Unternehmen finanzielle Schwierigkeiten, wenn Geld abfließt. Das Problem dabei: Die meisten Menschen halten es für ganz normal, wenn sie finanziell ausbluten.«

Mein reicher Vater fügte hinzu: »Wenn ich die Zahlen lese, dann erzählen sie mir eine Geschichte. Je nachdem, wo das Geld hinfließt, kann das eine Geschichte von großem Reichtum sein, eine schlimme finanzielle Tragödie oder eine Geschichte lebenslanger Finanzprobleme. Das alles lese ich aus den Zahlen heraus.«

> Eine wichtige Lektion von meinem reichen Vater: Für einen Unternehmer und Investor ist der Cashflow wie das Blut, das durch den menschlichen Körper fließt. Blutet der Körper aus, wird es brenzlig. Deshalb haben so viele Menschen und Unternehmen finanzielle Schwierigkeiten, wenn Geld abfließt. Das Problem dabei: Die meisten Menschen halten es für ganz normal, wenn sie finanziell ausbluten.

Außerdem sagte er: »Wenn du dich in Finanzdingen auskennst, musst du dir nicht von anderen sagen lassen, was ein Vermögenswert ist und was eine Verbindlichkeit. Weil dein Vater keine Finanzbildung besitzt, muss er es seinem Kundenbetreuer bei der Bank und seinem Steuerberater überlassen, die entsprechenden Unterlagen zu lesen. Obwohl dein Vater ein sehr kluger Mann ist, hat er seine Zahlen nicht im Griff. Und solange das nicht der Fall ist, kann er seine finanzielle Zukunft nicht selbst bestimmen.«

Schon im Alter von neun Jahren begann mein reicher Vater, mir Finanzbildung zu vermitteln, indem er mir zeigte, wie das Cashflow-Muster eines Vermögenswerts und einer Verbindlichkeit aussah. Die folgenden Diagramme zeigen einen Rechnungsabschluss und die Cashflow-Muster von Vermögenswerten und Verbindlichkeiten.

Bei einem Vermögenswert fließt Geld von der Aktivseite der Bilanz auf die Ertragsseite der Gewinn-und-Verlust-Rechnung. So einfach erklärte mein reicher Vater einem Neunjährigen, was ein Vermögenswert ist: »Ein Vermögenswert bringt dir Geld ein.«

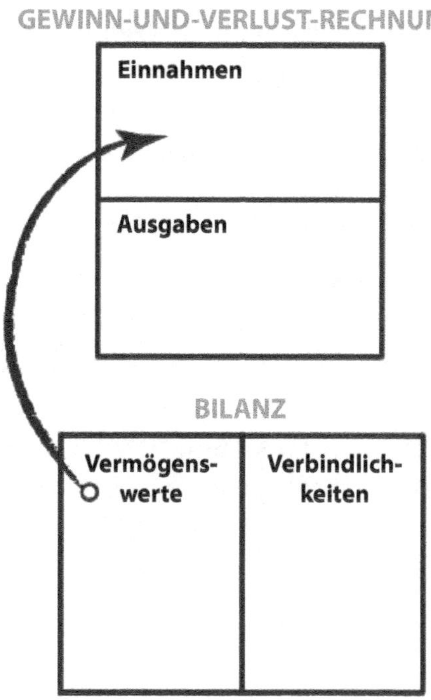

Als er seine einfachen Diagramme gezeichnet hatte, sagte mein reicher Vater: »Und so sieht das Cashflow-Muster einer Verbindlichkeit aus. Eine Verbindlichkeit kostet dich Geld. Deshalb ist das Haus deines Vaters auch eine Verbindlichkeit, denn es zieht ihm Geld für Hypothekenraten, Steuern und Kosten aus der Tasche.«

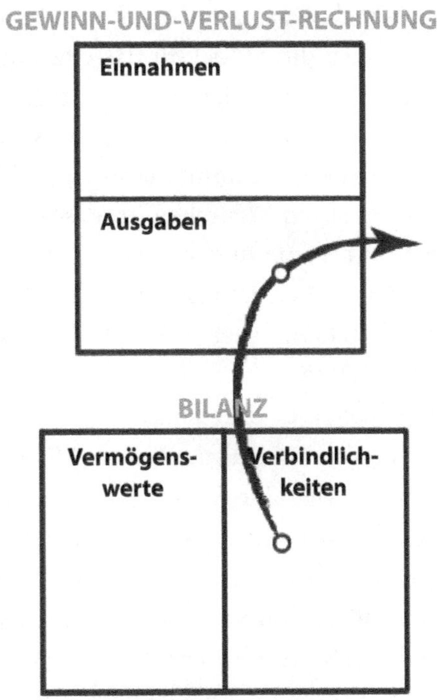

Mein reicher Vater sagte nicht, dass man sich kein Eigenheim kaufen sollte. Er wollte mir nur klarmachen, dass man alles als das bezeichnen sollte, was es in Wirklichkeit ist – eine Verbindlichkeit als Verbindlichkeit und einen Vermögenswert als Vermögenswert. Er meinte: »Dein Vater hat einfach deshalb finanzielle Probleme, weil er Verbindlichkeiten als *Vermögenswerte* bezeichnet. Er arbeitet hart, um mehr zu verdienen. Dann muss er mehr Steuern zahlen und fragt seinen Steuerberater, was er tun kann, um seine Steuerlast zu mindern.«

Er setzte seine Erklärung mit folgender Aussage fort: »Da dein Vater sein Einkommen aus dem E-Quadranten bezieht, kann ihm ein Steuerberater nur raten, sich ein größeres Haus zu kaufen, weil er die Hypothekenzinsen steuerlich geltend machen kann. Deshalb schafft er sich eine größere Verbindlichkeit an, sodass das Geld über die Ausgabenspalte schneller abfließt – und das Ganze bezeichnet er trotzdem weiterhin als *Vermögenswert.* Wenn du dann noch sein Auto, seine Golfschläger, die Möbel für das Haus und alles andere hinzurechnest, was er als Vermögenswerte bezeichnet, dann bleibt am Monatsende bald kein Geld mehr übrig, um sich echte Vermögenswerte anzuschaffen.« Da dämmerte mir: Die Ursache für die Finanzprobleme der meisten Menschen ist, dass sie nicht zwischen Vermögenswerten und Verbindlichkeiten unterscheiden können. Also schaffen sie sich ihr Leben lang Verbindlichkeiten an, die sie für Vermögenswerte halten. Ich lernte daraus: Das ist die Folge mangelnder Finanzbildung.

Mir geht es um Folgendes: Ein Haus *kann* ein Vermögenswert sein, aber auch eine Verbindlichkeit. Vielen Menschen unterläuft der Denkfehler, dass sie Vermögenswerte oder Verbindlichkeiten für etwas Gegenständliches halten. Abstrakt betrachtet, besteht der eigentliche Vermögenswert beziehungsweise die Verbindlichkeit in der Person, die darauf Einfluss nimmt. Ein Beispiel: Ich kaufe ein Haus und vermiete es anschließend. Bleibt nach Begleichung aller Kosten, Hypotheken und Steuern von der Miete noch eine Nettoertrag übrig, dann ist das Haus ein Vermögenswert. Verwalte ich die Immobilie aber schlecht, sodass die Kosten höher sind als die Mieteinnahmen, wird dasselbe Objekt zur Verbindlichkeit. Genauso ist das bei allem anderen, was wir gemeinhin als Vermögenswerte betrachten, wie Gold, Aktien und Anleihen. Das sind entweder Vermögenswerte oder Verbindlichkeiten, was sich ganz einfach am Lackmustest des Cashflows feststellen lässt.

Man könnte auch sagen, der *eigentliche* Vermögenswert beziehungsweise die Verbindlichkeit ist der Mensch, der die Anlage jeweils verwaltet. Und deshalb ist es so wichtig, schon in jungen Jahren zwischen Vermögenswerten und Verbindlichkeiten unterscheiden zu können. Es gibt Millionen Menschen, die hart arbeiten, um für Verbindlichkeiten zu zahlen, die sie für Vermögenswerte halten. Und weil Geld aus ihren Taschen abfließt, haben sie weniger Geld zur Verfügung, um sich echte Vermögenswerte anzuschaffen, die Cashflow generieren und ihnen ihr Finanzleben leichter machen würden. Indem sie sich also Verbindlichkeiten anschaffen, die sie für Vermögenswerte halten, gefährden Menschen ihre finanzielle Sicherheit und klammern sich noch stärker an die Vorstellung von einem sicheren Arbeitsplatz. Den brauchen sie, um jeden Monat die Kosten zu decken, die ihre sogenannten »Vermögenswerte« verursachen.

Problem Nr. 2

Nicht zwischen den verschiedenen Cashflow-Mustern unterscheiden können

Mein reicher Vater sagte mir oft: »Zeig mir den Rechnungsabschluss eines Menschen, und ich kann dir auf den ersten Blick sagen, ob er reich oder arm ist oder der Mittelschicht angehört.«

Das Cashflow-Muster der Armen

Mein reicher Vater erklärte wieder und wieder, dass die Zahlen eine Geschichte erzählen. Deshalb ist ein Rechnungsabschluss auch so wichtig. Er zeichnete mir die folgenden Diagramme.

Das Cashflow-Muster der Armen:

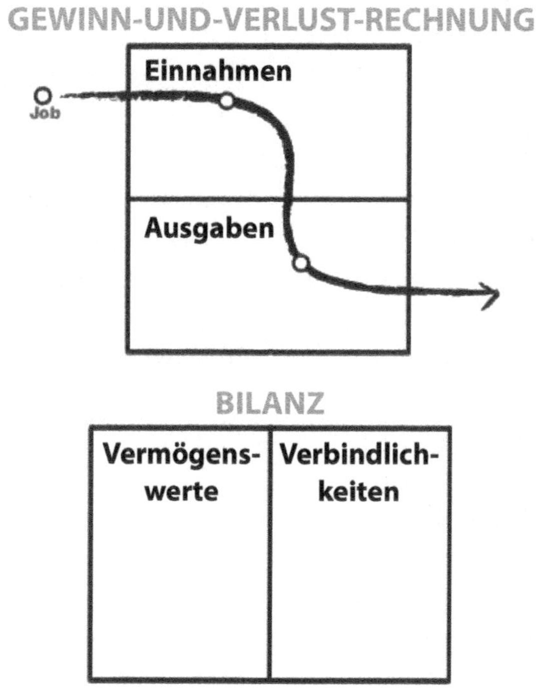

»Ein armer Mensch gibt alles Geld aus, das er verdient«, meinte mein reicher Vater. »Wie viel er verdient, spielt dabei keine Rolle. Ich kenne Leute, die verdienen einen Haufen Geld. Das Problem ist nur: Sie geben es so schnell aus, wie es eingeht. Deswegen können auch Menschen, die gut verdienen, arm sein.« Mein reicher Vater fügte noch hinzu: »Solche Menschen lösen ihre finanziellen Probleme häufig, indem sie einfach mehr arbeiten, einen Zweitjob annehmen oder Überstunden machen, um ihren Verdienst aufzubessern.«

Das Cashflow-Muster der Mittelschicht:

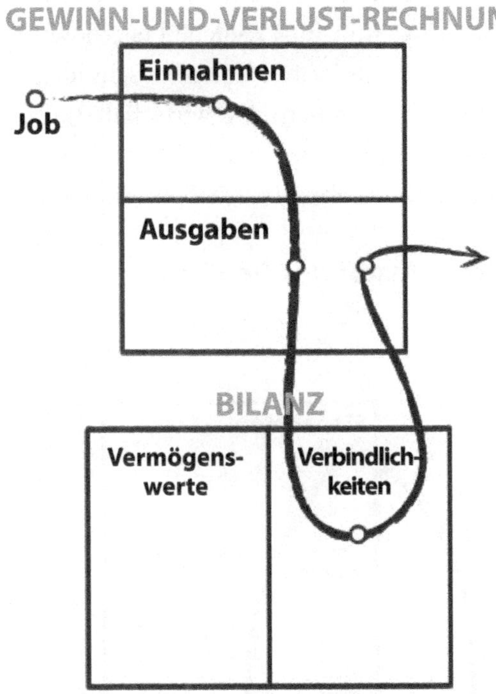

Dazu pflegte mein reicher Vater zu sagen: »Ein Angehöriger der Mittelschicht ist ein Mensch mit langfristigen Verbindlichkeiten.« Er bezieht häufig ausschließlich Erwerbseinkommen. Er hat Aufwendungen wie eine Hypothek, Zahlungen für sein Auto und Kreditkartenschulden. Wenn solche Menschen sagen, sie können es sich nicht leisten, ihren Job aufzugeben, dann meinen sie das auch so.

»Das Problem dieser Leute ist: Haben sie etwas Geld übrig, geben sie es oft so aus, dass sie sich letztlich höher verschulden«, erklärte mein reicher Vater und gab uns ein Beispiel dafür: Angenommen, jemand bekommt eine Prämie in Höhe von 5000 Dollar. Statt sie zu investieren, verwendet er das Geld oft als Anzahlung für ein neues Auto oder ein größeres Haus. Oder für eine Urlaubsreise. Er half uns mit folgendem Kommentar auf die Sprünge: »Auf diese Weise bleibt er im Hamsterrad des Lebens. Für sein Geld schafft er sich immer größere Verbindlichkeiten an, die er für Vermögenswerte hält.«

Mein reicher Vater fuhr fort: »Solche Leute lösen ihre Geldprobleme oft, indem sie sich immer höher verschulden. Statt zu investieren, um mehr Einkommen zu erwirtschaften, bedienen sie sich ihrer Kreditkarten und nehmen Zweithypotheken oder Konsolidierungskredite auf, um ihre finanziellen Probleme loszuwerden.«

Das Cashflow-Muster der Reichen:

»Und so sieht das Cashflow-Muster der Reichen aus«, meinte mein Vater, als er diese Diagramme zeichnete. »Sie beziehen ihr Einkommen aus der Spalte der Vermögenswerte, nicht aus ihrer Arbeit oder ihrem Beruf.« Das Einkommen aus der Spalte der Vermögenswerte sei entweder passives Einkommen oder Einkommen aus Kapitalanlagen, erklärte er. Einkommen aus Arbeit oder aus dem Beruf sei dagegen Erwerbseinkommen.

»Es gibt Glückliche, die solches Einkommen erben. Alle anderen müsste es selbst erwirtschaften, indem sie früh damit anfangen, klug zu investieren«, erklärte er uns.

Da wurde mir klar, dass mein bester Freund Mike zu denjenigen gehören würde, die Vermögenswerte im Wert von zig Millionen Dollar erben würden, ich dagegen bei null anfangen musste. Jahre später, als Mike mitbekam, dass auch die Aktivspalte meiner Bilanz allmählich eine gewisse Masse erreichte, sagte er: »Ich beneide dich. Du schaffst das aus eigener Kraft. Ich habe alles von meinem Vater bekommen.«

Das quittierte ich mit: »Ich würde jederzeit gern mit dir tauschen.«

Dafür zu sorgen, dass die Aktivspalte der eigenen Bilanz anwächst, ist ein verdienstvolles Ziel. Es ist eine Möglichkeit, Ihre Zukunft zu sichern. Sein Vermögen zu wahren und zu mehren, ist ebenso Kunst wie Wissenschaft. Auf keinen Fall sollten Sie es auf die leichte Schulter nehmen, denn dann könnten Sie Ihr Geld schnell los sein.

Mein Steuerberater erzählte mir vor Kurzem, dass Erbmasse in Amerika eine durchschnittliche Lebensdauer von zwei bis vier Jahren hat. Der größte Teil davon wird schon im ersten Jahr ausgegeben. Wenn ich mir die wenigen Leuten aus meinem Bekanntenkreis anschaue, die Geld geerbt haben, kann ich mir gut vorstellen, wie so ein Durchschnittswert zustande kommt. Unlängst verstarb einer meiner älteren Geschäftspartner und hinterließ seinen drei Kindern ein beträchtliches Vermögens. Er war kaum beerdigt, da fiel mir auf, dass alle drei Kinder neue Autos fuhren, sich ein größeres Haus gekauft hatten und luxuriöse Urlaube machten. Das ist jetzt etwas mehr als 18 Monate her, doch ich bezweifle, dass die Party noch lange dauert. Ich kenne sein Testament und weiß, dass er den dreien nicht so viel hinterlassen hat, dass sie auf Dauer ein neureiches Leben in Saus und Braus führen können.

Mike war von seinem Vater dagegen gut darauf vorbereitet worden, das Familienvermögen zu übernehmen. Vor seinem Tod rief mein reicher Vater seine vier Kinder zusammen und teilte ihnen mit, dass Mike den Nachlass verwalten würde. Er erklärte ihnen, er werde ihnen ihr Erbe noch vor seinem Tod überschreiben. Jedes Kind bekam 3 Millionen in bar. Er sagte: »Wenn ihr lernen wollt, was ihr mit diesem Geld anfangen könnt, sind Mike und ich gern bereit, euch dabei beratend zur Seite zu stehen. Wenn ihr keine Finanzberatung wollt – auch gut. Aber ihr braucht dann nicht anzukommen und mir etwas vorzuheulen, wenn das Geld weg ist.« Er betonte, es sei »eine ganze Menge Geld«, und sie könnten damit machen, was sie wollten. Dann ließ er sie wissen, dass seine Unternehmen und Investments Mike gehörten, der sie weiterführen und vergrößern sollte. Das stand so auch in seinem Testament und in anderen juristischen Dokumenten.

Keine fünf Jahre später waren Mikes Geschwister pleite. Prompt wendeten sie sich wieder an ihren Vater. Mein reicher Vater erklärte ihnen jedoch, dass diese Quelle versiegt sei. »Ich habe euch gesagt, lasst euch beraten, aber das wollte keiner«, meinte er nur. Jahre nach dem Tod meines reichen Vaters mehrt Mike das Vermögen weiterhin mit enormem Erfolg und verhindert, dass sich seine Geschwister an der Gans vergreifen, die die goldenen Eier legt. Das hatte schon erste gerichtliche Auseinandersetzungen zur Folge …

Daraus kann man lernen, dass Menschen, die zu großem Reichtum kommen, Treuhänder einsetzen sollten, die vertrauenswürdig sind und sich darauf verstehen, Vermögen zu schützen und zu mehren. Eltern, die ihren Kindern das nicht beibringen, könnten feststellen, dass diese ihr Ableben herbeisehnen, um dann anzufangen, zu leben. Mein reicher Vater meinte, zu viele Eltern sähen Bestimmungen vor, die besagten: »Meine Kinder erhalten diese Summe, sobald sie 25 Jahre alt sind« oder so, und gingen davon aus, dass mit dem Alter auch der Finanzverstand einsetzt. Das stimmt natürlich nur selten. Und sie versäumen es, ihren Kindern beizubringen, was sie mit dem Geld anfangen sollten, wenn sie es einmal erhalten haben. Deshalb überleben die wenigsten großen Vermögen die dritte Generation.

Ein Mensch, in dessen Denkweise das Cashflow-Muster der Reichen eingegangen ist, investiert sein Geld oft in Vermögenswerte, um das nötige Geld zu verdienen, um seine Finanzprobleme zu lösen. Wenn ich mir heute einen größeren Luxus leisten möchte, dann erwerbe ich zunächst einen Vermögenswert. Dieser liefert mir dann den Cashflow, von dem ich mir den Luxus gönne. Als ich mir einen neuen Porsche kaufen wollte, ging ich los und erstand eine Immobilie, die so viel Geld abwarf, dass ich davon die Zahlungen für den neuen Wagen begleichen konnte. Und als der Porsche abgezahlt war, war der Vermögenswert noch da – und wir konnten den Cashflow wieder anlegen oder uns einen neuen Luxus erlauben.

Der Moment der Entscheidung

Ich habe schon viele Leute sagen hören: »Ich werde nie reich, denn ich verdiene nicht genug«, oder: »Man braucht Geld, um zu Geld zu kommen.«

Wie viel jemand verdient, hat aber keinen Einfluss darauf, ob er einmal reich wird oder nicht, wie mir mein reicher Vater verriet. Er sagte vielmehr: »Reich oder arm wird einer nicht, weil er viel oder wenig verdient. Es kommt ganz darauf an, was er mit seinem Geld anfängt.«

Das folgende Diagramm bezeichnete mein reicher Vater als Moment der Entscheidung. Er sagte dazu: »Sobald du das Geld in den Händen hast, kannst du über deine finanzielle Zukunft bestimmen. Gibst du es einfach aus, entscheidest du dich für das Leben eines Armen. Schaffst du dir langfristige Verbindlichkeiten an, die du selbst tilgen musst, entscheidest du dich für das Finanzmuster der Mittelschicht. Hat für dich Priorität, dir Vermögenswerte anzuschaffen, entscheidest du dich für das Cashflow-Muster der Reichen.«

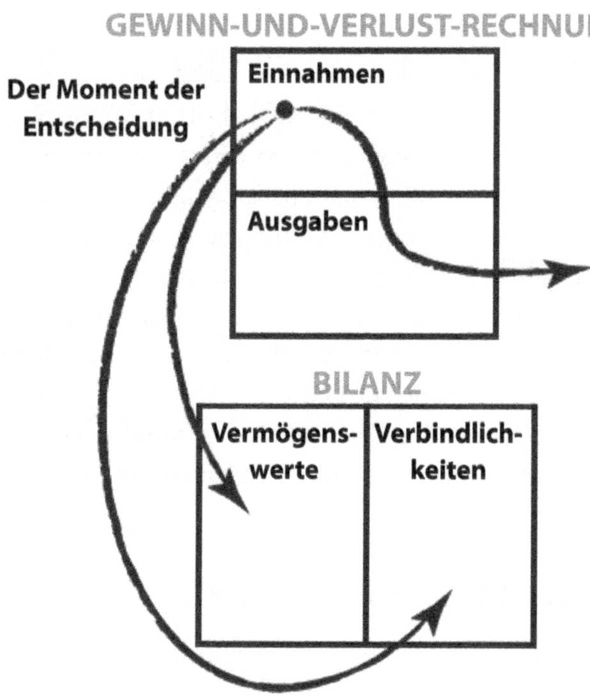

Nach diesen einfachen Lektionen richtete ich mich viele Jahre lang. Ich war nicht besessen davon, mir einen gut bezahlten Job zu suchen oder um die nächste Beförderung oder Gehaltserhöhung zu kämpfen. Ich wusste, mein finanzielles Geschick hing nicht von meinem Chef ab, von einer Gehaltserhöhung, vom Unternehmen, von der Wirtschaft oder vom Glück. Mein reicher Vater hatte mir eingeschärft, dass ich auch ohne hochdotierten Posten sehr reich werden konnte.

Ich wusste, mein armer Vater würde mir vermutlich gar nichts hinterlassen und auf keinen Fall so viel, wie mein reicher Vater seinem Sohn Mike. Ich wusste, ich musste mein finanzielles Schicksal selbst in die Hand nehmen.

Diese Gewissheit bezog ich aus folgenden Erkenntnissen:

- Ich wusste, aus welchem Quadranten ich mein Einkommen beziehen musste
- Ich wusste, ich musste meinen Cashflow kontrollieren.
- Ich wusste, ich brauchte einen Plan, was ich mit meinem Geld anfangen würde, noch bevor ich es verdient hatte.
- Ich kannte den Unterschied zwischen einem Vermögenswert und einer Verbindlichkeit.

Finanzverstand

Mein reicher Vater vermittelte uns folgende Definition von Finanzverstand: »Beim Finanzverstand geht es nicht darum, wie viel Geld zu verdienst. Es geht darum, wie viel davon du behältst, wie hart du dieses Geld für dich arbeiten lässt und über wie viele Generationen du es bewahren kannst.« Er setzte hinzu: »Finanzverstand beginnt mit Finanzbildung. Finanzbildung erklärt dir, wie du deinen Cashflow steuern kannst.«

Er bläute mir ein, wie wichtig es war, meinen persönlichen Rechnungsabschluss stets auf dem neuesten Stand zu halten und korrekt aufzustellen. Dazu sagte er: »Wenn du deinen Abschluss anschaust, ist das wie ein Blick in den Spiegel. Und dabei ist die Frage: ›Siehst du einen reichen Jungen, einen armen Jungen oder einen Jungen aus der Mittelschicht‹? Du und nur du allein kannst bestimmen, wer dir entgegenblickt.« Deshalb legte er auch so viel Wert darauf, dass sein Sohn und ich wussten, wie unser Cashflow-Muster aussehen sollte. Wir wussten schon als Zwölfjährige: Beim Blick auf unsere Finanzen schauten wir in unsere Zukunft.

Feinere Unterschiede

1. **Wer nur akademisch gebildet ist, der arbeitet für andere, die über Finanzbildung verfügen.**

Die goldene Regel lautet: »Geld regiert die Welt.« Und der Weg zum Geld beginnt mit Finanzbildung.

2. **Ein hoch bezahlter Job ist nicht so wichtig wie die Kontrolle über den eigenen Cashflow.**

Zu viele Menschen scheinen besessen davon, wie viel sie verdienen. Voraussetzung für finanziellen Erfolg im Leben ist aber für uns alle mehr Finanzbildung.

Ein junger Mensch, der für Mindestlohn in einem Fastfood-Restaurant arbeitet, kann Millionär werden und gleichzeitig seine Familie finanziell absichern. Er braucht nur ein bisschen Training, das mit Finanzbildung anfängt.

Als ich in San Francisco vor dieser Gruppe schwieriger, aber intelligenter Jugendlicher aus armen Familien stand, erklärte ich ihnen, dass sie mit jedem Dollar, der durch ihre Hände ging, ihr finanzielles Schicksal bestimmen konnten. Als ich die Diagramme von den Cashflow-Mustern der Reichen, der Armen und der Mittelschicht zeichnete, ging ein paar von ihnen ein Licht auf. Manche waren total begeistert, andere übermannte der Zorn.

Manche ihrer Lehrer diskutierten mit mir über meine Definition, dass ein Eigenheim eine Verbindlichkeit darstellt. Sie befürchteten, wenn man den jungen Leuten erzählte, sie könnten auch ohne Bildung und hoch bezahlten Job reich werden, würden sie das Interesse an der Schule verlieren – und die Lehrer ihren Einfluss.

Auf einer Infositzung mit den Lehrern erklärte ich, dass die Schüler bereits wüssten, dass sie nicht unbedingt zur Schule gehen müssten, um erfolgreich zu sein. Jeden Tag wurden sie mit Beispielen von Profisportlern, Schauspielern und Schauspielerinnen und Rockstars überschwemmt, die steinreich sind, aber nicht gut in der Schule waren. Ich riet ihnen, ihre Zielsetzung und ihren Lernplan zu überprüfen und so zu modernisieren, dass er ins 21. Jahrhundert passte.

Abschließend sagte ich: »Viele dieser Schüler werden nicht aufs College gehen. Das wissen Sie so gut wie ich. Und wenn sie keinen Collegeabschluss machen, glauben Sie dann, dass amerikanische Unternehmen junge Leute in der Chefetage sehen wollen, die nicht ordentlich Englisch können?«

Am Ende meines Vortrags kam meine Botschaft bei einigen wenigen an. Wenn sie ihren Schülern die nötigen Informationen gaben, die sie brauchten, um im wirklichen Leben zu bestehen, und ihnen mehr Erfolgsoptionen boten, vielleicht wären sie dann bessere Schüler. Und wenn sie wüssten, dass sie auch mit einem schlecht bezahlten Job finanziell erfolgreich sein können, wäre die Versuchung nicht so groß, durch lukrative Drogen- und Sexgeschäfte und kriminelle Machenschaften zu Geld zu kommen.

3. Buchführen für das Selbstwertgefühl

Vor vielen Jahren kehrte ich zum 25. Jahrestreffen meines Abschlussjahrgangs der Highschool nach Hawaii zurück und lief Susan über den Weg. Sie war damals die Klassenbeste gewesen. Auf der Highschool hatte Susan nur Einser geschrieben und auch unserem Schülerparlament angehört. Obwohl ihr nicht die größten Erfolgschancen zugetraut wurden, hätte sie nach Ansicht vieler Erfolg haben müssen. Nach der Highschool ging sie auf ein prestigeträchtiges Elitecollege für Frauen und schloss ihr Studium mit Bestnoten ab.

Auf unserem 25-jährigen Klassentreffen war sie noch so charmant und umgänglich wie eh und je. Doch ich spürte, dass ihr etwas auf der Seele lag. Nach den üblichen Wiedersehensfloskeln wurde sie offener und erzählte mir, wie ihr Leben seit dem College verlaufen war.

Sie war als frischgebackene Ehefrau mit ihrem Mann nach Hawaii zurückgegangen und hatte bald eine Stelle bei einem großen hawaiianischen Unternehmen als Vice-President für … dies oder jenes gefunden. Es lief alles rund, bis ihr ihr Mann mitteilte, dass er sie wegen einer anderen Frau verlassen und nach Virginia umziehen würde. Mit 35 war sie plötzlich alleinerziehende Mutter mit drei Kindern.

Zur selben Zeit kündigte ihr Arbeitgeber einen Personalabbau an, und sie verlor ihren Job. Sie ging unverzüglich an die Uni zurück, machte ihren Master und suchte sich einen Job bei der größten Bank des Bundesstaats. Dort arbeitete sie sich wieder hoch, allerdings für deutlich weniger Geld. Ihr Ex-Mann wollte seine Unterhaltszahlungen verringern, weil er eine neue Familie gegründet hatte. Nachdem sie mich auf den neuesten Stand gebracht hatte, sagte sie nur noch: »So hatte ich mir mein Leben nach der Schule nicht vorgestellt.«

Während der gesamten Schulzeit war sie ein fröhliches, selbstbewusstes Mädchen gewesen. Sie hatte hervorragende Noten und war sehr beliebt. Dennoch sagte sie später: »In der wirklichen Welt zählen gute Noten nicht viel. Heute bin ich 49 und habe nichts vorzuweisen als ein niedrigeres Gehalt, höhere Steuern, höhere Ausgaben, Collegegebühren, die ich zahlen muss, wenig Geld, was ich fürs Alter zurücklegen könnte, und kein soziales Leben. Die wenigsten Männer möchten gleich eine ganze Familie haben.«

Nach dem Klassentreffen saßen Kim und ich zusammen und unterhielten uns über das Leben und das Glück. Wir kamen auch auf mein Gespräch mit Susan zu sprechen. Ich sagte: »Auf der Highschool war Susan immer so fröhlich und selbstbewusst gewesen. Alle wussten, sie war intelligent, hatte gute Noten und könnte es ohne Weiteres an die besten Universitäten des Landes schaffen.«

Kim saß ein Weile schweigend da und fragte dann: »Was ist da wohl passiert?«

Ich dachte nach und meinte: »Ich glaube, sie hat kein neues Bewertungssystem gefunden – keine andere Möglichkeit, ihren Erfolg zu messen.«

»Warum sagst du das?«, wollte Kim wissen.

»In der Schule hatte sie Supernoten. Doch nach der Schule war ihre Erfolgsbilanz offenbar nicht mehr so glanzvoll. Damals auf der Highschool war ich der mit den schlechten Noten. Trotzdem hatte ich Selbstvertrauen, weil mir mein reicher Vater ein anderes Punktesystem zur Orientierung im Leben an die Hand gegeben hatte – eines, das nicht nur in der Schule, sondern auch später Geltung haben würde.«

»Damit meinst du deinen Rechnungsabschluss?«, fragte Kim mit leicht ironischem Lächeln.

Ich nickte. Sie hatte den Nagel auf den Kopf getroffen.

»Du findest also, alle Menschen sollten anhand ihrer Finanzlage benotet werden?«, fragte sie lächelnd. Weil sie mich so gut kannte, rechnete Kim schon mit einer unkonventionellen Antwort.

»Aber nein«, sagte ich. »Ich finde, jeder sollte ein Punktesystem haben, das ihm zu Selbstachtung verhilft. Das muss nicht finanzieller Natur sein. Es könnte auch darüber Aufschluss geben, wie oft ein Mensch seine Kinder umarmt oder wie viel Zeit er mit diesen verbringt. Das Wichtigste ist, dass jeder Mensch nach der Schule ein Punktesystem findet, das ihm Selbstwertgefühl vermittelt. Denn was ist ein Leben ohne Selbstvertrauen?«

»Und dein Punktesystem ist dein Rechnungsabschluss«, schob Kim nach.

»Ganz genau«, entgegnete ich. »So ein Rechnungsabschluss ist wie ein Schulzeugnis. Er verrät, wie erfolgreich du in der Welt des Geldes bist. Bin ich mit der Note nicht zufrieden, dann weiß ich, dass ich etwas ändern muss. Susan hat kein klares Einstufungssystem, sie weiß nicht so genau, wo sie finanziell steht, und kann in ihrem Leben keine Korrekturen vornehmen. Sie tut, was man ihr beigebracht hat. Als sie ihren Job verlor, ging sie zurück an die Uni und schaute sich dann nach einer anderen gut bezahlten Stelle um. Das Problem ist nur: Mit dem Internet, künstlicher Intelligenz und dem wachsenden globalen Wettbewerb kann es durchaus sein, dass ihre Vorstellung von einem hoch dotierten Job fürs Leben mit zunehmendem Alter immer unrealistischer wird. Arbeitgeber suchen heutzutage junge Leute, die weniger Geld verlangen, mehr arbeiten, schneller denken und technisch auf der Höhe der Zeit sind. Heutzutage sind viele der Fachkenntnisse, die in der Schule vermittelt werden, schon nach eineinhalb Jahren veraltet. Wie kann sie mehr arbeiten und sich erfolgreich um solche hoch bezahlten Jobs bewerben?«

»Ich glaube, sie hat Angst, den Dingen ins Auge zu sehen«, meinte Kim leise. »Ich wette, sie lebt einfach von einem Tag auf den anderen.«

»Da hast du vermutlich recht«, erwiderte ich. »Angesichts der hohen Scheidungsraten werden viele junge Leute ungeplant alleinerziehende Elternteile, die Kinder unterhalten müssen. Ich bin mir sicher, es ist gar nicht so einfach, über die Unterschiede zwischen Erwerbseinkommen, passivem Einkommen und Einkommen aus Kapitalanlagen nachzudenken, wenn man sich in erster Linie überlegen muss, wie man über die Runden kommt.«

Kim hatte noch eine Frage: »Für dich ist dein Rechnungsabschluss also ein Zeugnis. Und was, wenn jemandem sein Zeugnis nicht gefällt?«

»Na, wäre er in der Schule richtig aufs Leben vorbereitet worden, könnte er dann seine Noten anschauen und noch in jungen Jahren Korrekturen an seinem Leben vornehmen. Doch heute nähern sich jeden Tag mehr und mehr Menschen dem Ende ihres Erwerbslebens und stellen fest, dass sie schlechte Noten haben, was ihre persönlichen Finanzen anbelangt. In unserer Generation, den geburtenstarken Jahrgängen, gibt es Millionen Menschen, die nicht genug fürs Alter zurückgelegt haben. Wer wird sich ihrer annehmen, wenn ihre Ersparnisse aufgebraucht sind? Wer kümmert sich um sie, wenn sie nicht mehr arbeiten können? Wer übernimmt die horrenden Gesundheitskosten, die im Alter anfallen? Ihre Kinder? Der Staat?« Fragen über Fragen …

»Du meinst also, man sollte jungen Menschen ein Zeugnis ausstellen, mit dem sie ihr Leben lang etwas anfangen können?«, fragte Kim.

Ich nickte zustimmend. »Statt Schüler zu benoten, sollten ihnen die Lehrer lieber Finanzbildung vermitteln und ihnen zeigen, wie sie sich selbst in finanzieller Sicht bewerten können. Sie sollten ihnen beibringen, wie sie finanziell Korrekturen vornehmen können. Dann würden wir vielleicht in einer finanziell verantwortungsvolleren Gesellschaft leben statt in einer, die der Ansicht ist, dass der Staat unsere finanziellen Probleme lösen sollte. Wie kann er das? Er kann ja noch nicht einmal seine eigenen Finanzprobleme beheben. Dafür, wie der Staat finanziell dasteht, sollte er eigentlich ein ›ungenügend‹ auf dem Zeugnis stehen haben. Das beste Beispiel dafür ist die nationale Schuldenuhr.«

Die Rich Dad Company steht für finanzielle Eigenverantwortung und befürwortet diese. Wir sind der Überzeugung, dass jeder, der bereit ist, die Zeit und Mühe aufzubringen, um zu lernen und zu lehren, die Möglichkeit hat, seine finanzielle Zukunft selbst zu bestimmen. Das ist bestimmt nicht leicht, aber im Grunde ganz einfach.

Und es fängt damit an, Finanzbildung zu erwerben und das Gelernte im Leben und bei den Entscheidungen, die Sie jeden Tag treffen, auch anzuwenden.

SECHSTES KAPITEL

BAUSTEIN NR. 6

NUR TATSACHEN SAGEN DIE WAHRHEIT

Ihr Eigenheim ist kein Vermögenswert.

»Ihr Haus ist kein Vermögenswert« – was sich hinter dieser Geschichte (oder vielmehr Streitfrage) verbirgt, lässt sich am besten anhand des Unterschieds zwischen Tatsachen und Meinungen erklären.

In meinem Elternhaus sagte mein armer Vater stets: »Unser Haus ist ein Vermögenswert, und es ist unsere größte Investition.«

Im Hause meines reichen Vaters hieß es dagegen: »Dein Eigenheim ist kein Vermögenswert, und wenn es deine größte Investition ist, dann hast du finanzielle Probleme.«

Als Junge wusste ich nicht, wem ich glauben sollte. Ich wollte meinen beiden Vätern glauben, doch der Widerspruch zwischen diesen diametral entgegengesetzten Aussagen machte mir wirklich zu schaffen. Eines Tages sprach ich das Thema bei meinem leiblichen Vater an und sagte: »Mikes Vater sagt, unser Haus sei kein Vermögenswert.«

»Sei nicht albern«, meinte mein Vater. »Jeder weiß, dass ein Haus ein Vermögenswert ist.«

»Warum behauptet er dann das Gegenteil?«

Es schien eine der Fragen zu sein, auf die ein Erwachsener keine richtige Antwort weiß, wenn sie von einem Kind gestellt wird. Und offenbar hatte mein Vater auch keine Lust, lange Erklärungen abzugeben. »Ich weiß nicht, warum er das tut«, meinte er. »Warum fragst du ihn nicht selbst?«

»Das habe ich schon«, entgegnete ich. »Er meinte, weil uns unser Haus Geld kostet, statt uns Geld einzubringen.«

»Na, vielleicht definiert er einen Vermögenswert für sich so, aber du kannst jeden Bankkaufmann fragen – der wird dir sagen, dass unser Eigenheim ein Vermögenswert ist.« Nun war ich vollends verwirrt, denn offenbar wurde mein Vater in seiner Ansicht von seinem Bankberater bestärkt.

Am darauffolgenden Wochenende erzählte ich meinem reichen Vater nach der Arbeit in dessen Lebensmittelmarkt, was mein leiblicher Vater gesagt hatte. Das war während einer unserer regelmäßigen Unterrichtsstunden am Samstagnachmittag. Daher erklärte mein reicher Vater: »Ein guter Einwand. Lass uns die Frage zum Thema der heutigen Lehrstunde machen.«

Damit griff er zum Telefon und rief seinen Bankberater an. Obwohl es Samstag war, erklärte sich dieser bereit, zu uns zu stoßen. Damals waren die Banken noch kleiner und der Service persönlicher. Außerdem war mein reicher Vater einer seiner wichtigsten Kunden.

»Er wird gleich da sein«, meinte mein reicher Vater. »Doch bevor er kommt, will ich euch noch etwas Wichtiges beibringen.«

Mike und ich saßen gespannt da, während er sich sammelte. Wir wussten, wenn er uns etwas Wichtiges mitteilen wollte, legte er gewöhnlich eine Denkpause ein und blätterte ziellos in den Papieren auf seinem Schreibtisch, bevor er uns mit seinen weisen Worten beglückte. Schließlich sagte er: »Wenn ihr im Leben Erfolg haben wollt, müsst ihr Tatsachen von Meinungen unterscheiden können.« Dann schwieg er wieder einige Zeit.

»Das ist alles?«, wollte ich wissen. »Das war schon die ganze so wichtige Lektion?«

Mein reicher Vater nickte stumm.

Zwei lange Minuten herrschte Stille im Raum. Mein reicher Vater sagte nichts, und Mike und ich saßen auf unseren Holzstühlen vor seinem Schreibtisch – zwei Jungen, deren Füße noch nicht zum Boden reichten und die auf den Paukenschlag warteten.

Schließlich dämmerte uns, dass er mit seinem Schweigen die Bedeutung dieser einfachen Aussage unterstreichen wollte. Als bei uns angekommen war, dass er uns eine sehr bedeutsame Weisheit mitgeteilt hatte, sagte Mike irgendwann: »Und was ist so wichtig am Unterschied zwischen Tatsachen und Meinungen?«

»Alles«, meinte mein reicher Vater leise. »Einfach alles.« Dann schwieg er wieder.

Nach einer weiteren langen Minute sagte er noch: »Die meisten Menschen bekommen finanzielle Probleme, weil sie sich bei ihren Entscheidungen auf Meinungen stützen statt auf Tatsachen. Das Schlimmste daran ist, dass sie dann nicht mehr zwischen dem einen und dem anderen unterscheiden können.«

»Und worin besteht der Unterschied?«, wollte ich wissen.

»Gute Frage«, freute sich mein reicher Vater. »Eine Tatsache lässt sich beweisen. Man kann sie sehen, berühren oder fühlen. Eine Meinung ist erst einmal nicht überprüfbar.«

»Gib uns doch bitte ein Beispiel«, bat Mike.

»Also gut«, meinte mein reicher Vater. »Ich habe einen Dollar in der Tasche. Ist das eine Meinung oder eine Tatsache?«

»Wen interessiert das?«, fragte ich, weil ich allmählich genug von dieser Übung hatte.

»Dich sollte es interessieren, wenn du Erfolg haben möchtest«, meinte mein reicher Vater. »Denn dieses einfache Beispiel ist die Grundlage für die Lektion des heutigen Tages. Das hat damit zu tun, warum dein Vater meint, sei Haus sei ein Vermögenswert, und ich nicht. Es ist einer der Hauptgründe dafür, dass die Reichen mehr Geld haben.«

»Nur weil man sich die Mühe macht, zu unterscheiden, ob etwas eine Tatsache ist oder eine Meinung?«, fragte ich.

»Ganz genau«, bestätigte mein reicher Vater. »Das ist eine ganz wichtige Lektion in der Welt der Geschäfte, der Investments und des Geldes. Das sind zwei Paar Schuhe, und es ist wichtig, dass man den Unterschied kennt.«

Er ließ das einen Moment sacken und schob dann nach: »Nun zurück zu meiner Frage nach dem Dollar in meiner Tasche.« Mein reicher Vater wiederholte die Frage: »Ich habe einen Dollar in der Tasche. Meinung oder Tatsache?«

»Gut möglich, dass du einen Dollar in der Tasche hast«, meinte Mike. »Aber solange ich ihn nicht gesehen habe, ist deine Aussage eine Meinung.«

»Könnte sie für mich eine Tatsache, aber für dich eine Meinung sein?«

»Ja«, erwiderte er. »Wenn du einen Dollar in der Tasche hast, dann ist das für dich eine Tatsache.«

»Sehr gut.« Mein reicher Vater lächelte. »Für mich könnte es eine Tatsache sein, aber bis ich dir den Dollar gezeigt habe, ist es für dich grundsätzlich eine Meinung.«

»Hast du denn nun einen Dollar in der Tasche?«, wollte Mike wissen. »Ich gehe mal davon aus, denn du hast eigentlich immer Geld dabei.«

»Das wirst du nie erfahren«, meinte mein reicher Vater. »Ich werde es euch nicht verraten, damit euch diese Lektion über den Unterschied zwischen Fakten und Meinungen für immer im Gedächtnis bleibt. Er ist nämlich ausgesprochen wichtig.«

> »Den Unterschied zwischen Tatsachen und Meinungen zu kennen, ist eine ausgesprochen wichtige Lektion in der Welt der Geschäfte, der Investments und des Geldes. Dabei geht es nicht um richtig oder falsch. Eine Tatsache ist nicht automatisch besser als eine Meinung. Es sind nur zwei verschiedene Dinge, die man unbedingt unterscheiden können sollte«, erklärte mein reicher Vater.

Da kam schon der Bankberater meines reichen Vaters zur Tür herein.

»Hallo Ed, du kommst gerade richtig«, meinte mein reicher Vater. »Danke, dass du dir die Zeit nimmst, mir zu helfen, diesen beiden jungen künftigen Kunden eine Finanzlektion zu erteilen.«

Lüge oder Wahrheit?

»Also gut, Ed«, setzte mein reicher Vater an. »Wenn du das Haus eines Menschen als Vermögenswert bezeichnest, lügst du dann oder sagst du die Wahrheit?«

»Oh nein, nicht schon wieder diese Frage«, stöhnte Ed und schüttelte den Kopf. Er lächelte Mike und mich an und sagte: »Darüber diskutiere ich mit eurem Vater immer wieder.«

»Und wie lautet die Antwort?«, hakte mein reicher Vater nach.

»Ich sage die Wahrheit«, meinte Ed ein bisschen trotzig. »Du siehst die Dinge nur etwas anders, als uns das beigebracht wurde.«

»Erkläre den Jungen einfach die Fakten«, meinte mein reicher Vater und genoss offensichtlich, dass sich sein Freund, der Banker, ein bisschen winden musste. »Nur die Tatsachen.«

»Okay«, meinte Ed. »Ich sage euch die Fakten und bemühe mich nach Kräften, euch zu erklären, warum mir euer Vater so schwierige Fragen stellt.« Ed holte Atem, überlegte kurz und sagte dann: »Die Fakten stellen sich folgendermaßen dar: Wenn ihr über eine Bank ein Haus kauft, dann erscheint die Hypothek, die wir abschließen, bei euch in der Spalte der Verbindlichkeiten. Deshalb bezeichnet euer Vater ein Haus als Verbindlichkeit.«

»Gut«, meinte mein reicher Vater. Er griff zum Stift und zeichnete für Mike und mich folgendes Diagramm, das wir uns ansehen sollten.

BILANZ MEINES ARMEN VATERS

Nachdem er fertiggezeichnet hatte, schaute er auf und meinte: »Weiter. Erzähle den Jungen, wo die Hypothek in eurer Bilanz auftaucht. In der Bilanz der Bank.«

Ed, der Banker, zierte sich wieder etwas und schüttelte dann grinsend den Kopf. »Du bist wirklich gnadenlos.«

»Raus damit. Sag ihnen einfach, was Sache ist«, meinte mein reicher Vater freundlich.

Ed, der auch der Kundenbetreuer meines armen Vaters war, lächelte mich an sagte: »Die Hypothek deines Vaters erscheint in der Bankbilanz auf der Aktivseite – als Vermögenswert.«

Da vervollständigte mein reicher Vater seine Zeichnung.

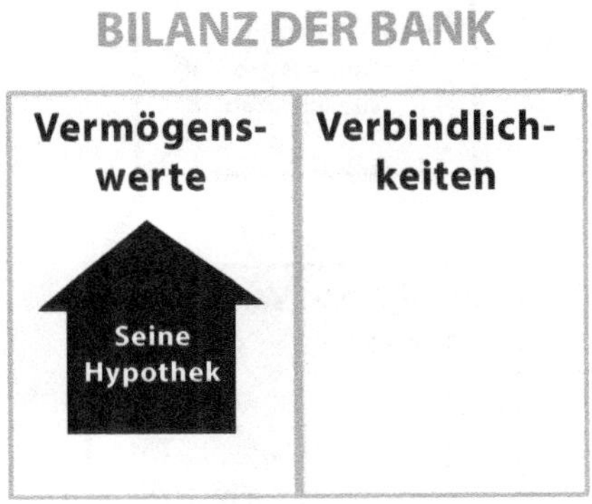

»Was?«, platzte ich heraus, als ich das Diagramm anschaute. »Sie sagen also, unser Haus ist ein Vermögenswert, aber Sie sagen nicht dazu, für wen. Sie meinen, unser Haus ist in Wirklichkeit ein Vermögenswert für die Bank?«

»Nun, so sieht es zumindest Mikes Vater von seinem Standpunkt aus. Doch dein Vater sieht sein Eigenheim als Vermögenswert. Und das ist es in vieler Hinsicht auch«, verteidigte sich Ed.

Mein reicher Vater lachte und meinte: »Bleib bei den Tatsachen, Ed.« Dann griff er nach seinem Notizblock und zeichnete folgende Diagramme.

DEINE GEWINN-UND-VERLUST-RECHNUNG

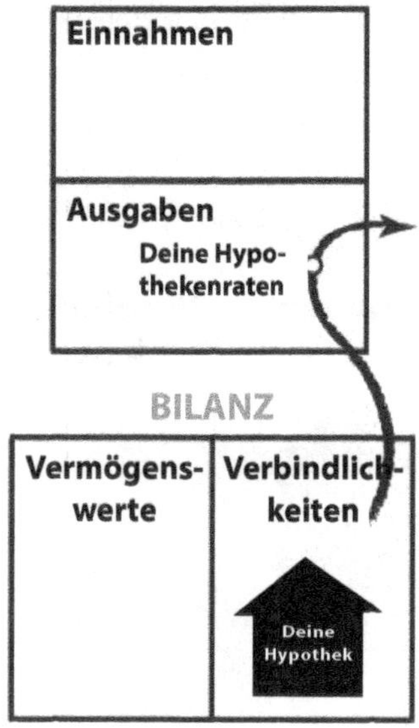

GEWINN-UND-VERLUST-RECHNUNG DER BANK

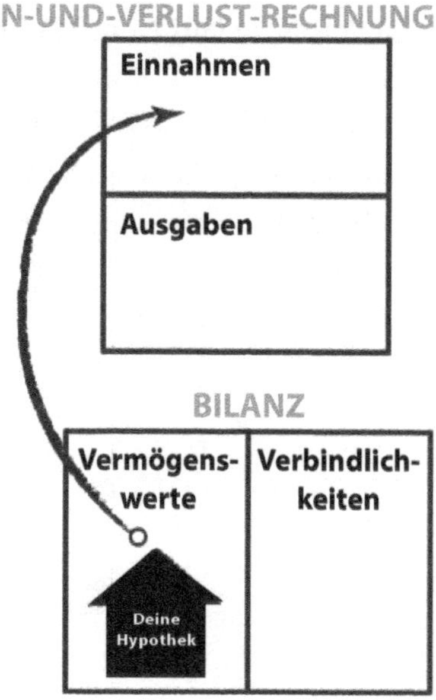

»Diese einfachen Diagramme sind Fakten, nicht wahr?«, fragte mein reicher Vater, als er fertiggezeichnet hatte.

Der Bankberater nickte. »Das sind Fakten. Deine Hypothek taucht bei dir auf der Passivseite auf, bei uns auf der Aktivseite.«

»Seht ihr, Jungs«, meinte mein reicher Vater, »das wird zwar als Bilanz bezeichnet, doch was die meisten Menschen nicht wissen: Eine Bilanz allein ist nie *ausgeglichen*. Für einen Ausgleich sind mindestens zwei Bilanzen erforderlich.«

»Jetzt verstehe ich gar nichts mehr«, sagte ich.

»Das geht den meisten Leuten so«, meinte mein reicher Vater. »Merkt euch bloß: Für jeden Vermögenswert gibt es eine Verbindlichkeit. Für jede Einnahme muss es eine Ausgabe geben. Doch die beiden Transaktionen tauchen nicht unbedingt in ein und demselben Abschluss auf. Es muss mindestens zwei Abschlüsse geben. Das Ganze nennt man ›doppelte Buchführung‹. Dafür sind mindestens zwei unterschiedliche Konten erforderlich.« Mein reicher Vater zeichnete noch ein Diagramm.

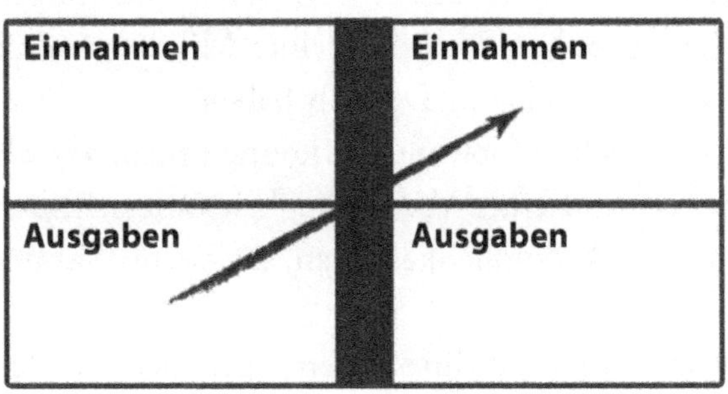

»So, jetzt habt ihr ein vollständigeres Bild«, sagte mein reicher Vater. »Es muss ausgeglichen sein. Damit ihr eine Ausgabe verbuchen könnt, muss ein anderer eine Einnahme verbuchen. Als Ausgleich.«

»Du meinst, man braucht mindestens zwei Abschlüsse, um sinnvolle Informationen zu erhalten – und dass für jede Ausgabe unserer Familie ein anderer eine Einnahme verbucht. Und für alle Verbindlichkeiten auf der Passivseite unserer Bilanz verbucht ein anderer in seiner Bilanz einen Aktivposten. Meinst du das, wenn du sagst, dass man immer zwei Abschlüsse braucht, um brauchbare Schlüsse zu ziehen?«

Mein reicher Vater nickte lächelnd. »Damit hat deine Finanzbildung einen ordentlichen Sprung gemacht. Wenn du das verstanden hast, dann kannst du erkennen, in welche Richtung das Geld fließt.«

Das gab mir zu denken. Daher antwortete ich erst eine Minute später: »Deshalb sagst du also, wenn wir erkennen können, wohin das Geld fließt, können wir zwischen Vermögenswerten und Verbindlichkeiten unterscheiden.« Wieder überlegte ich. »Der Cashflow ist die Tatsache«, meinte ich dann leise. »Und das Geld fließt aus der Tasche meines Vaters in die Taschen der Bank. Das ist die Tatsache.«

Mein reicher Vater nickte noch einmal. »Und aus diesem Grund sage ich: Finde heraus, wie es wirklich ist – anhand der Tatsachen. Zu viele Menschen nehmen einfach andere beim Wort, die sie für Autoritäten halten, und akzeptieren deren Meinungen als Tatsachen. Überleg mal, was so ein kleines Missverständnis langfristig für Folgen haben kann. Deshalb haben so viele Menschen in aller Welt finanzielle Probleme. Sie können nicht zwischen einem Vermögenswert und einer Verbindlichkeit unterscheiden, deshalb schaffen sie sich Verbindlichkeiten an, die sie für Vermögenswerte halten.«

Er fuhr fort: »Wenn sie einfach Vermögenswerte kaufen würden, bevor sie sich Verbindlichkeiten anschaffen, würden sie immer reicher werden. Doch stattdessen investieren sie in Verbindlichkeiten, die sie für Vermögenswerte halten, und dann kriegen sie Finanzprobleme und müssen immer mehr arbeiten.«

»Aber so ein Haus hat doch einen Wert – was ist denn damit?«, fragte Mike, während er sich den Notizblock ansah und das folgende Diagramm zeichnete.

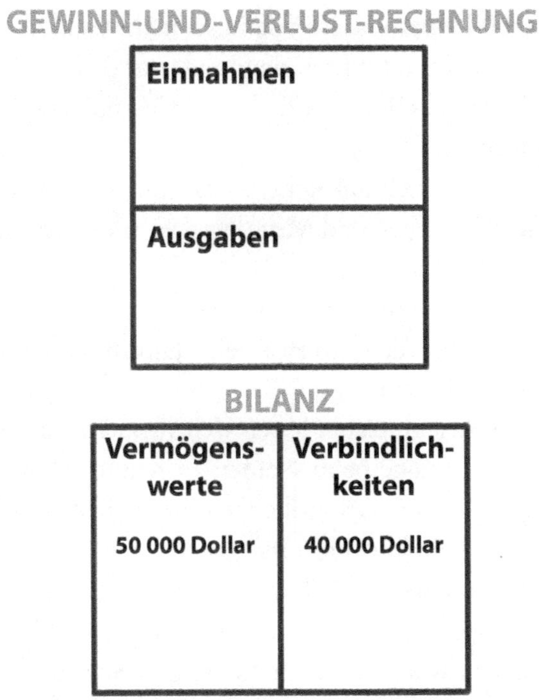

»Was würdest du dazu sagen, wenn sich jemand für 50 000 ein Haus kauft, dafür 10 000 anzahlt und 40 000 als Hypothek aufnimmt? Was ist mit dem Wert des Hauses, der mit 50 000 Dollar auf der Aktivseite zu Buche steht?«, wollte Mike wissen.

»Gute Frage«, lobte mein reicher Vater. »Worum handelt es sich denn bei den 50 000 Dollar auf der Aktivseite? Um eine Tatsache oder um eine Meinung?«

»Na ja, das könnte bedeuten, dass jemand 50 000 Dollar für das Haus gezahlt hat«, sagte ich.

»Genau«, meinte mein reicher Vater. »Aber ist es heute so viel wert?«

»Das weiß ich nicht«, entgegnete ich. »Es könnte mehr wert sein, es könnte aber auch weniger wert sein.«

»Sehr gut«, freute sich mein reicher Vater. »Solange du das Haus nicht verkaufst, ist der Wert nur eine Meinung. Verkaufst du es für mehr als 50 000 Dollar und hast dadurch mehr Geld in der Tasche, als du für das Haus gezahlt hast, dann und nur dann weißt du, welchen realen Wert es besitzt – und ob es ein Vermögenswert ist oder eine Verbindlichkeit.«

»In dieser ganzen Lektion geht es also nur darum, den Unterschied zwischen Tatsachen und Meinungen zu erkennen«, fasste Mike zusammen.

»Richtig«, bestätigte mein reicher Vater.

»Du rätst ihnen aber nicht davon ab, ein Haus zu kaufen, stimmt's?«, warf der Bankberater ein.

»Nein«, meinte mein reicher Vater. »Ich versuche nur, den beiden beizubringen, die Dinge beim Namen zu nennen. Ich sage lediglich, dass sie sich keine Verbindlichkeit anschaffen sollten in dem Glauben, diese sei ein Vermögenswert.«

»Behauptest du, dass Ed die Leute anlügt?«, fragte ich.

»Nein«, widersprach mein reicher Vater. »Ed ist Banker. Er kennt den Unterschied zwischen einem Vermögenswert und einer Verbindlichkeit, und ihr solltet ihn ebenfalls kennen. Stimmt doch, Ed?«

»Das stimmt«, meinte Ed. »Wir leihen euch Geld, solange ihr es euch leisten könnt, es uns zurückzuzahlen. Wir leihen euch Geld für ein Haus, das ihr selbst nutzt, oder für eines, das ihr vermietet, um zusätzliche Einnahmen zu erzielen. Wir leihen euch Geld für ein Auto, das ihr privat fahrt, oder für eines, das als Taxi eingesetzt werden kann. Es ist eure Sache, ob ihr euch von dem geliehenen Geld Vermögenswerte oder Verbindlichkeiten anschafft.« Dann schob er noch nach: »Wir Banker wissen aber immer, auf welcher Seite der Bilanz eure Kredite stehen. In unserer Bilanz stehen sie auf der Aktivseite, in eurer Bilanz auf der Passivseite. Den reinen Tatsachen zufolge hat euer Vater hier also recht. Wir kennen den Unterschied zwischen einem Vermögenswert und einer Verbindlichkeit – zwischen Tatsachen und Meinungen.«

Ed erklärte uns, dass er im Bankgeschäft eine Menge Meinungen zu hören bekam, vor allem von Leuten, die sich Geld leihen wollten. Er betonte, dass die Bank ihr Geld auf der Grundlage von Tatsachen verleiht. Und er sagte weiter: »Deshalb schauen wir uns den Rechnungsabschluss eines Kunden an, bevor wir ihm Kredit gewähren. Es ist nicht unser Geschäft, euch zu erklären, was ihr euch kaufen sollt. Wir sagen euch nicht, ob ihr euch Vermögenswerte oder Verbindlichkeiten anschaffen sollt. Wenn ihr euch immer höher verschulden wollt, um euch Firlefanz anzuschaffen, ist das eure Sache. Es ist euer Geld. Ihr könnt damit machen, was ihr wollt. Uns interessiert nur, ob ihr uns unser Geld wieder zurückzahlen könnt.«

Dann hob der Banker noch einen Aspekt hervor, den uns unser reicher Vater beigebracht hatte. »Und das sagen uns die Finanzzahlen, nicht die Geschichten, die uns die Leute erzählen. Euer Vater hat also recht. Die Reichen leihen sich Geld, um sich Vermögenswerte anzuschaffen, die Mittelschicht leiht sich Geld, um sich Verbindlichkeiten anzuschaffen. Für uns sind es aber in jedem Fall Vermögenswerte.«

Mein reicher Vater wippte mit seinem Stuhl und ließ dabei seinen Bleistift zwischen zwei Fingern kreisen. Er grinste zufrieden, weil er wusste: Mike und ich hatten gerade eine wichtige Lektion fürs Leben gelernt. Und so war es. Diese Lektion hat mich mein Leben lang begleitet und mir die Dualität von Rechnungsabschlüssen, Vermögenswerten und Verbindlichkeiten deutlich gemacht – und den Unterschied zwischen Tatsachen und Meinungen.

Ed, der Banker, stand auf und meinte: »Ich müsste langsam gehen. War das alles, was du von mir wolltest?«

»Eine Sache noch«, bat mein reicher Vater. »Zeig den Jungs, wie ihr Spargeld bei euch auf der Bank verbucht wird.«

Ed setzte sich wieder, zog den Block zu sich heran und zeichnete folgendes Diagramm:

DEIN RECHNUNGSABSCHLUSS

GEWINN-UND-VERLUST-RECHNUNG

Einnahmen
Ausgaben

BILANZ

Vermögenswerte	**Verbindlichkeiten**
Eure Ersparnisse	

RECHNUNGSABSCHLUSS DER BANK

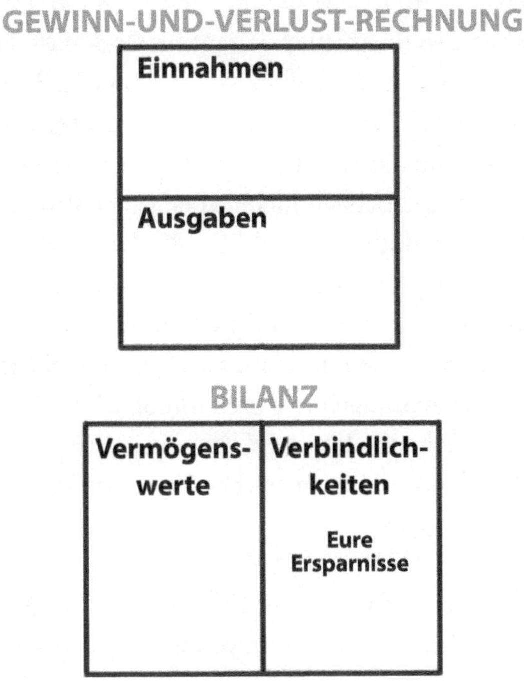

Ich schaute mir beide Zeichnungen eine Minute lang an und fragte dann: »Sie meinen, Sie betrachten meine Ersparnisse als Verbindlichkeit für Ihre Bank?«

Der Bankberater nickte zögernd und meinte: »Das liegt daran, dass wir dir für dein Geld etwas bezahlen müssen. Das bezeichnet man als Zins. Dein Geld bewirkt, dass Geld aus unserer Ausgabenspalte in deine Einnahmenspalte fließt. Deshalb sind deine Ersparnisse für dich ein Vermögenswert und für uns eine Verbindlichkeit. Oder, wie Mikes Vater sagen würde, deine Ersparnisse sorgen dafür, dass Geld aus unserer Tasche abfließt. Deshalb sind sie für uns eine Verbindlichkeit. Und da die Zinsen, die wir dir zahlen, in deine Tasche fließen, sind deine Ersparnisse für dich ein Vermögenswert.«

So erhielt ich in jungen Jahren eine der wichtigsten Lektionen meines Lebens … in Finanzbildung. Ich verstand jetzt, warum mein reicher Vater so unerbittlich darauf bestand, dass ich die Zahlen lesen und mir anschauen sollte, wohin das Geld floss, und dass ich mir selbst ein Bild von der ganzen Geschichte, von den Tatsachen, machen sollte, statt auf die Meinungen anderer zu hören. Ich begriff, dass mein hochgebildeter, aber armer Vater durch seine mangelnde Finanzbildung buchstäblich blind war.

Jahre später, als ich meinem armen Vater erklärte, dass seine Hypothek in seiner Bilanz als Verbindlichkeit aufschien, wollte er noch immer nicht glauben, dass sein Haus eine Verbindlichkeit war. Seine festgefahrenen Meinungen machten ihn blind für die Tatsachen.

»Kann ich jetzt gehen?«, fragte Ed.

»Noch nicht«, hielt ihn mein reicher Vater zurück. »Eine Sache wäre da noch.«

»Und zwar?«

»Erkläre den jungen Männern bitte noch, wie sich Zinszahlungen auf Verbindlichkeiten und Zinserträge aus Ersparnissen steuerlich unterscheiden.«

Ed, der Banker, lachte. »Glaubst du, sie werden das verstehen?«, fragte er.

»Vielleicht nicht gleich heute, aber später bestimmt«, meinte mein reicher Vater.

Zu Mike und mir gewandt, sagte Ed: »Der amerikanische Staat gewährt euch Steuervorteile, wenn ihr Schulden habt. Anders ausgedrückt: Das Steuerrecht erlaubt euch, bestimmte Zinszahlungen von der Einkommensteuer abzusetzen.«

»Soll das heißen, der Staat liefert mir einen Grund, Schulden zu machen?«, fragte Mike nach.

Ed nickte. »So kann man es sehen. Das wird auch als Anreiz bezeichnet. Für Zinserträge aus Ersparnissen verlangt das Finanzamt Steuern, doch Schuldzinsen werden nicht besteuert.«

»Man könnte also sagen, der Staat bestraft mich dafür, dass ich Geld spare …«, meinte ich.

Ed nickte bestätigend.

»Aber warum?«, fragte ich.

Ed sah Mike und mich an und meinte: »Das werdet ihr herausfinden, wenn ihr älter seid und mehr Geld habt, Jungs. Bis dahin solltet ihr es so machen, wie es euch euer Vater hier erklärt hat. Findet die Wahrheit heraus, indem ihr der Spur des Geldes folgt.«

Mein reicher Vater warf ein: »Also gut, Ed, aber ist das Haus von Roberts Vater denn wirklich der Vermögenswert, auf den es die Bank abgesehen hat?«

»Wie meinst du das?«, fragte Ed zurück.

»Worin besteht denn der eigentliche Vermögenswert, wenn du jemandem Geld leihst, damit er sich das Haus seiner Träume kaufen kann?«

»Ah, alles klar«, meinte Ed und überlegte sich, wie er uns beiden Jungen begreiflich machen konnte, worauf mein reicher Vater hinauswollte. »Euer Vater meint damit, dass das Haus eigentlich kein Vermögenswert ist. Aus finanzieller Sicht handelt es sich dabei im Grunde um eine Sicherheit. Der Vermögenswert ist in Wirklichkeit dein Vater.«

»Mein Vater ist der Vermögenswert?« Ich war fassungslos. »Nicht unser Haus?«

Ed, der Banker nickte bestätigend. »Euer Haus ist der Wertgegenstand, den wir uns holen und weiterveräußern, wenn dein Vater seine Hypothekenraten nicht zahlt. Deshalb wird das Haus als *Sicherheit* bezeichnet. Und die Hypothek ist eigentlich ein *Wertpapier.* Sie ist ein Vertrag oder, wie ihr Jungs das sagen könntet, ein Schuldschein. Der Unterschied ist nur, dass unser Schuldschein durch das Haus besichert ist – einen Wertgegenstand.«

»Doch der eigentliche Vermögenswert ist mein Vater?«, fragte ich entgeistert.

»Ja und nein«, meinte Ed zögernd. »Was euer Vater heute von mir verlangt, ist euch in zwei Stunden den Stoff aus zwei Jahren Betriebswirtschaftsstudium zu vermitteln. Das Ganze ist ein bisschen komplexer als ein einfaches Ja oder Nein.«

»Halten wir uns doch einfach an die Tatsachen«, meinte mein reicher Vater. »Wenn ein armer Mensch ohne Job und ohne Einkommen Roberts Elternhaus kaufen wollte, würdet ihr ihm dann das Geld dafür leihen?«

»Nein«, meinte Ed. »Jemandem, der keinen Job hat, würden wir in den meisten Fällen kein Geld für so ein Haus leihen.«

»Gut«, stellte mein reicher Vater zufrieden fest. »Aber könnte jemand, der keinen Job hat, das Lagerhaus kaufen, für das ich mich gerade interessiere, obwohl es über eine Million Dollar kostet?«

Der Banker antwortete nicht gleich. »Im Grunde ja«, meinte er dann zögernd. »Aber noch einmal: Wir vergleichen hier Äpfel und Birnen.«

»Das wollte ich nur hören«, meinte mein reicher Vater. »Erkläre den Jungs, warum das Äpfel und Birnen sind.«

Ed warf meinem reichen Vater schrägen Blick zu. »Wenn wir prüfen, ob wir einen Kredit auf das Haus deines Vaters gewähren, dann schauen wir uns an, wer dein Vater ist, was er beruflich macht, wie viel er verdient und ob er seine Rechnungen pünktlich zahlt. Bei der Prüfung des Lagerhauses achten wir nicht auf die Person, sondern wir beurteilen in erster Linie das Objekt.«

»Sag ihnen, warum«, verlangte mein reicher Vater.

»Weil das vermietete Lagerhaus ein Vermögenswert ist. Es bringt eine Menge Geld ein. Die Risiken für uns sind gering«, erklärte der Banker.

»Ein selbst bewohntes Eigenheim dagegen bringt kein Geld ein«, erläuterte Ed. »Deshalb besteht der Vermögenswert in der Person, die es kauft. Deshalb kann jemand ohne Job nicht dasselbe Haus kaufen wie jemand, der eine Stelle hat. Weil der Mensch mit dem Job der Vermögenswert ist, nicht das Haus.«

»Vielen Dank«, meinte mein reicher Vater. »Wegen des Lagerhauses rufe ich dich am Dienstag an.«

»Das Geld steht bereit«, meinte Ed.

In unserem kleinen Klassenzimmer im vollgestellten Büro meines reichen Vaters herrschte Stille. Das war eine ganze Menge Stoff, den wir in unseren jungen Gehirnen unterbringen mussten. »Das ist nicht so leicht zu verdauen«, sagte mein reicher Vater schließlich in die Stille hinein.

Mike und ich nickten. Da gab es noch viele feine Unterschiede, die wir nicht durchblickten, und es sollte Jahre der weiteren Erkenntnisse dauern, bis wir so richtig verstanden, was die Konzepte bedeuteten, von denen wir gerade erfahren hatten.

Schließlich fragte ich: »Mein Vater kann also nur so viel Geld aufnehmen, wenn *er* der eigentliche Vermögenswert ist?«.

Mein reicher Vater nickte und meinte: »Dein Vater und viele andere aus der Mittelschicht leihen sich so viel, wie sie sich mit ihrem Gehalt erlauben können. Sie gehen dabei an die Grenze, die ich als ›rote Linie‹ bezeichne. Diese liegt dort, wo die Ausgaben mehr oder minder so hoch sind wie die Einnahmen. Wenn sie eine Gehaltserhöhung bekommen, leihen sie sich sofort noch mehr, bis sie an der neuen roten Linie sind. Deshalb kommen sie nicht voran. Sie nehmen Kredite auf, um sich Verbindlichkeiten anzuschaffen, die sie für Vermögenswerte halten, und merken gar nicht, dass *sie selbst* der Vermögenswert sind, nicht ihre sogenannten Investitionen.«

Ich saß stumm da, versuchte, das alles zu verdauen und nickte. Dann sagte ich langsam: »Weil die Bankleute Tatsachen sehen wollen. Und Tatsache ist, wie viel Geld man verdient und wie viel davon übrig bleibt, wenn alle Ausgaben abgezogen sind.«

Wieder nickte mein reicher Vater. »Ganz genau.«

Ich fuhr fort: »Und dir leiht die Bank eine Menge Geld für das Lagerhaus – viel mehr, als du verdienst –, weil nicht du der Vermögenswert bist, sondern das Lagerhaus. Das ist deshalb ein Vermögenswert, weil es mit dir oder ohne dich Geld abwirft. Richtig?«

Mein reicher Vater nickte immer noch. »Du machst immer feinere Unterschiede, Robert.«

»Also leihst du dir Geld und wirst reicher, und mein Vater leiht sich Geld und wird ärmer. Ist das denn richtig?«, fragte ich.

»Dabei geht es nicht um richtig oder falsch«, meinte mein reicher Vater lächelnd. »Es geht um die Fakten. Wenn ich das Lagerhaus mit dem Geld kaufe, das mir die Bank leiht, bringt mir das im Monat mehr ein, als dein Vater im selben Monat verdient. Dein Vater leiht sich Geld und muss dann mehr arbeiten und sich abstrampeln, um seine Rechnungen zu bezahlen. Das sind die Fakten. Dein Vater leiht sich Geld für eine Verbindlichkeit, die er für einen Vermögenswert hält, und ich leihe mir Geld für einen Vermögenswert, der auch ein solcher ist. Das kann ich belegen. Er bringt mir nämlich Geld ein. Die Fakten sind auf meiner Seite. Frag Ed von der Bank.«

»Es gibt also gute und schlechte Schulden«, meinte Mike.

»Es geht dabei auch nicht um gut oder schlecht«, wandte sein Vater ein. »Es geht einfach darum, ob man Geld aufnimmt, um sich Verbindlichkeiten anzuschaffen oder Vermögenswerte. Die Mittelschicht verschuldet sich für Verbindlichkeiten, die sie gern für Vermögenswerte halten möchte. Das ist das Problem, das entsteht, wenn man Tatsachen nicht von Meinungen unterscheiden kann. Wenn es um Geld geht, richten sich die Armen und die Mittelschicht zu oft nach Meinungen statt nach Tatsachen.«

> Wenn es um Geld geht, richten sich die Armen und die Mittelschicht zu oft nach Meinungen statt nach Tatsachen.

»Wenn du uns also rätst, unsere Hausaufgaben zu machen, ist das ein Beispiel dafür«, meinte ich.

Mein reicher Vater nickte.

Ich sagte weiter: »Du bekommst mehr Kredit als mein Vater, obwohl du weniger verdienst, weil du das Geld für Vermögenswerte aufnimmst. Er hat ein höheres Erwerbseinkommen, du hast mehr passives Einkommen. Stimmt das so?«

»Gut differenziert«, meinte mein reicher Vater lächelnd.

»Und mein Vater kann nur deshalb so viel Geld aufnehmen, weil er so viel verdient. Doch wenn du noch zehn Lagerhäuser oder andere Unternehmen ausfindig machst, wirst du immer reicher und musst immer weniger arbeiten – weil du Kredite aufnimmst, um Vermögenswerte anzuschaffen. Und mein Vater muss immer mehr arbeiten und nimmt Kredit auf, um sich Verbindlichkeiten anzuschaffen«, wiederholte ich und verinnerlichte die Lektion dabei allmählich.

»Noch besser differenziert«, stellte mein reicher Vater fest. »Das ist ein sehr feiner Unterschied, doch er entscheidet darüber, ob du ein Leben in großem Reichtum führst oder ein Leben mit harter Arbeit und finanziellen Problemen. Deshalb werden die Reichen immer reicher – sie kennen den Unterschied zwischen Tatsachen und Meinungen, Vermögenswerten und Verbindlichkeiten, und sie leihen sich Geld, um sich Vermögenswerte anzuschaffen.«

»Aber mein Vater könnte doch nicht heute losgehen und sich ein Lagerhaus kaufen, oder?«, wollte ich wissen.

»Das würde ich ihm nicht empfehlen«, meinte mein reicher Vater. »Aber er könnte lernen, wie das geht.«

»Was meinst du damit, er könnte ›lernen, wie das geht‹?«, fragte ich.

»Kannst du dich noch an die vier kleinen Häuschen aus *Monopoly* erinnern?«, fragte mein reicher Vater. »Du solltest klein anfangen, um nicht zu viel Geld aufs Spiel zu setzen. Dir sollte klar sein, dass dir vermutlich ein paar Fehler unterlaufen werden. Verluste gehören zum Lernprozess. Wenn du Geld verlierst, heißt das, dir haben Informationen gefehlt. Wenn ein Verlust für dich ein gutes Zeichen dafür ist, dass du etwas dazulernst, dann ist das gut investiertes Lehrgeld. Würde dein Vater losgehen und sich gleich für mehrere Millionen ein Lagerhaus kaufen, ohne vorher die vier grünen Häuschen anzuschaffen, könnte so ein Fehler finanzieller Selbstmord sein.«

»Du findest es also gut, wenn man Geld verliert«, wunderte ich mich.

> Mein Vater erklärte den Prozess des Lernens und Investierens folgendermaßen: »Du solltest klein anfangen, um nicht zu viel Geld aufs Spiel zu setzen. Dir sollte klar sein, dass dir vermutlich ein paar Fehler unterlaufen werden. Verluste gehören zum Lernprozess. Wenn du Geld verlierst, heißt das, dir haben Informationen gefehlt. Wenn ein Verlust für dich ein gutes Zeichen dafür ist, dass du etwas dazulernst, dann ist das gut investiertes Lehrgeld.«

»Ja«, sagte mein reicher Vater mit Nachdruck. »Solange der Preis nicht zu hoch ist und du die nötige Bescheidenheit mitbringst, um aus dem Fehler zu lernen. Wenn du den Fehler aber nur als Fehler betrachtest und zu arrogant bist, um daraus zu lernen, wirst du einen höheren Preis zahlen, wenn dir derselbe Fehler ein nächstes Mal passiert. Fehler sind unschätzbare Gelegenheiten, dazuzulernen. Lass diese nicht ungenutzt verstreichen.« Er setzt hinzu: »In der Welt der Wirtschaft werden Fehler immer teurer, je häufiger sie passieren. Wer seine Lehren schon beim ersten Mal zieht, kriegt sie noch billig. Wer nichts lernt, für den wird diese Lektion von Mal zu Mal teurer.«

»Mein Vater könnte sich also so ein Lagerhaus kaufen, wenn er zunächst mit den kleinen grünen Häuschen anfangen würde«, konstatierte ich.

»Er kann tun, was er will«, entgegnete mein reicher Vater. »Ich würde ihm empfehlen, mit den kleinen grünen Häuschen anzufangen. Aber es kommt sehr häufig vor, dass die Leute sagen: ›Ich investiere, sobald ich einen größeren Batzen Geld zusammenhabe.‹ Und dieser großen Batzen ist dann rasch verspielt. Deshalb ermahne ich dich, deine Hausaufgaben zu machen. Fang mit kleinen grünen Häuschen an und arbeite dich langsam hoch. Doch die meisten möchten am Markt schnell den großen Reibach machen, und das geht oft schief. Dann geht ihr Vermögen den Bach hinunter.«

»Weil sie Tatsachen nicht von Meinungen unterscheiden können?«, wollte Mike wissen.

»Auch noch aus anderen Gründen. Es mangelt ihnen an Erfahrung und Bildung. Die meisten Menschen sind in finanzieller Hinsicht total ungebildet. Sie nehmen Ratschläge von den falschen Leuten an. Die Liste der Gründe ist endlos«, meinte mein reicher Vater. »Deshalb möchte ich, dass ihr euch Finanzbildung aneignet. Fangt mit kleinen grünen Häuschen an und lernt, wie so ein Rechnungsabschluss funktioniert. Wer die Zahlen lesen kann, der kann diesen kleine Probleme entnehmen, bevor sie sich zu großen Problemen auswachsen. Wenn ihr die Zahlen lesen könnt, könnt ihr genau erkennen, was gut läuft und was nicht.«

»Immobilien sind also offenbar ein Geschäft«, meinte ich.

»Auf jeden Fall«, sagte mein reicher Vater. »Das kleine grüne Haus ist ein Geschäft. Das Grundstück, auf dem das Haus steht, ist die eigentliche Immobilie. Die Person, die das Haus von dir mietet, ist dein Kunde. Der Banker ist dein Partner in Finanzangelegenheiten. Deshalb empfehle ich euch, zunächst Unternehmen aufzubauen und Immobilien zu kaufen. Dadurch verwandelt ihr nicht nur Erwerbseinkommen in passives Einkommen, ihr gewinnt auch effektive Finanzbildung und -erfahrung, obwohl ihr noch so jung seid. Wenn ihr älter werdet und allmählich größere Unternehmen aufbaut und größere Immobilien kauft, werdet ihr über erhebliche Bildung und Erfahrung verfügen. Ihr werdet mehr Geld verdienen, weniger arbeiten und weniger Steuern zahlen. Das ist Finanzverstand.«

»Aber warum sollen wir dann erst ein Unternehmen aufbauen? Warum steigen wir nicht gleich ins Immobiliengeschäft ein?«, wollte ich wissen.

»Weil es einfacher ist, Immobilien zu kaufen, wenn du viel Geld und Erfahrung hast. Die Menschen sind eher bereit, mit dir Geschäfte zu machen, wenn du Geld hast. Wenn du pleite bist, werden sie nichts mit dir zu tun haben wollen. Mir fehlen noch 200 000 Dollar, um dieses Lagerhaus zu kaufen. Ob ich das auch ohne Eigenkapital hinbekäme? Natürlich, aber es ist einfacher, zu kaufen, wenn man Geld hat, und unter dem Aspekt der Risiken ist es auch vernünftiger. Wenn du ein Unternehmen aufbaust, gibt dir das Gelegenheit, dich zu einem besseren Unternehmer zu entwickeln. Bist du ein schlechter Unternehmer, hast du sowieso kein Geld. Bist du ein guter, dann wirst du über das Geld verfügen, dir alle Immobilien, Aktien oder Anleihen zu kaufen, die du haben willst. Vergiss nie: Es ist dein Unternehmen, das dir deine Vermögenswerte finanziert. Nicht du.«

»Aber kann einer, der kein eigenes Unternehmen hat, denn keine Immobilien kaufen?«, erkundigte sich Mike.

»Natürlich kann er das«, meinte mein reicher Vater. »Alles ist möglich. Aber jemand, der keine Einkommens- oder Geldquelle hat, braucht wesentlich länger. Deshalb empfehle ich jedem, sich erst ein rentables Unternehmen aufzubauen. So einem Unternehmen bieten sich mehr Steuervorteile als einem abhängig Beschäftigten, was bedeutet, dass man schneller mehr Immobilien erwerben kann. Da könnt ihr jeden Banker fragen: Nichts ist so lukrativ wie ein gut geführtes kleines Unternehmen. Sobald ihr gelernt habt, so eine kleine Unternehmensmaschinerie zu leiten, wird euch euer Steuerberater empfehlen, Immobilien zu kaufen, wenn der Cashflow reicht, denn er möchte erreichen, dass ihr Erwerbseinkommen in passives Einkommen verwandelt, um euer Einkommen vor dem Fiskus zu schützen.«

»Und was, wenn jemand nichts von dem tun möchte, worüber du uns gerade erzählt hast?«, erkundigte ich mich.

»Deshalb leben wir ja in einem freien Land. Wir haben alle die Wahl, ob wir reich oder arm sein oder der Mittelschicht angehören möchten. Das muss jeder für sich selbst entscheiden«, meinte mein reicher Vater.

»Hat denn jeder die Möglichkeit, reich zu werden?«, wollte ich wissen.

»Wie ich das sehe, ja«, entgegnete mein reicher Vater, »aber nicht jeder will das auch.«

»Ist das eine Tatsache oder eine Meinung?«, fragte Mike.

Mein reicher Vater gestand lächelnd: »Das ist meine Meinung.«

Unterschiede

1. Die meisten Dinge können Vermögenswerte oder Verbindlichkeiten sein

So kann beispielsweise ein Haus ein Vermögenswert oder eine Verbindlichkeit sein. Das Lagerhaus meines reichen Vaters könnte eine Verbindlichkeit sein, wenn der Mieter ausziehen würde und kein anderer nachkäme. Bildung kann ein Vermögenswert sein, wenn die erworbenen Kenntnisse zutreffen und nützlich sind. Sie kann aber eine Verbindlichkeit sein, wenn die Kenntnisse veraltet, falsch oder irreführend sind. Intelligenz hat nichts damit zu tun, wie klug Sie sind. Es geht nur darum, genauer zu differenzieren.

2. Probleme entstehen dann, wenn Meinungen als Tatsachen betrachtet werden

So bekommen Menschen finanzielle Probleme, wenn ein Verkäufer sagt: »Der Wert dieses Haus wird steigen.« Sagt das jemand zu mir, frage ich einfach zurück: »Und Sie geben mir eine schriftliche Garantie und zahlen mir die Differenz, wenn es anders kommt?« Damit ist so ein auf Meinungen beruhendes Gespräch gewöhnlich schnell zu Ende.

Ein paar Beispiele für Meinungen, die im Leben (in finanzieller und anderer Hinsicht) Probleme bereiten können:

- »Du solltest ihn heiraten. Er wird sicher ein guter Ehemann.«
- »Kauf die Aktie, der Kurs wird anziehen.«
- »Los, frag sie schon, ob sie mit dir ausgeht. Ihr Freund hat sicher nichts dagegen.«
- »Steuern meidest du am besten, indem du dir ein größeres Haus kaufst.«
- »Sie ist eine ehrliche Verkäuferin. Sie würde mich nie schlecht beraten.«
- »Du wirst nie reich.«
- »Er ist intelligenter als du.«
- »Die Immobilienpreise kennen nur eine Richtung: nach oben.«

Viele unserer Probleme und Krisen gehen darauf zurück, dass wir uns auf Meinungen stützen, als wären sie Tatsachen – Meinungen wie: »Du solltest dir einen sicheren, soliden Job suchen, ein großes Haus kaufen und langfristig investieren.« Ich sage nicht, dass das ein schlechter Rat ist. Ich sage nur, dass es nur ein Rat ist, nicht mehr und nicht weniger. Und ein Rat ist meist eine Meinung, keine Tatsache.

Oft müssen Menschen, um die Probleme in ihrem Leben zu lösen, nur herausfinden, welche Meinung sie als Tatsache herangezogen haben – die Meinung eben, die der Ursprung all ihrer Schwierigkeiten ist.

3. Sich an Tatsachen halten, die die Wahrheit verraten

Wer Finanzbildung erwirbt, kann leichter die Wahrheit aus Fakten herausfiltern. Ein Grund, aus dem ich empfehle, unseren Kindern Finanzbildung zu vermitteln, ist, weil sie dann besser in der Lage sind, aus den Zahlen die Wahrheit herauszulesen. Ein Beispiel:

Ein Vermögenswert bringt Ihnen Geld

Beim Blick auf einen Abschluss (im Idealfall einen geprüften Jahresabschluss) verraten die Fakten die Wahrheit. Das Beispiel vom Lagerhaus meines reichen Vaters sähe aus Sicht der Bank folgendermaßen aus:

Eine Verbindlichkeit kostet Sie Geld

Das Beispiel vom Eigenheim meines Vaters sähe aus Sicht meines reichen Vaters folgendermaßen aus:

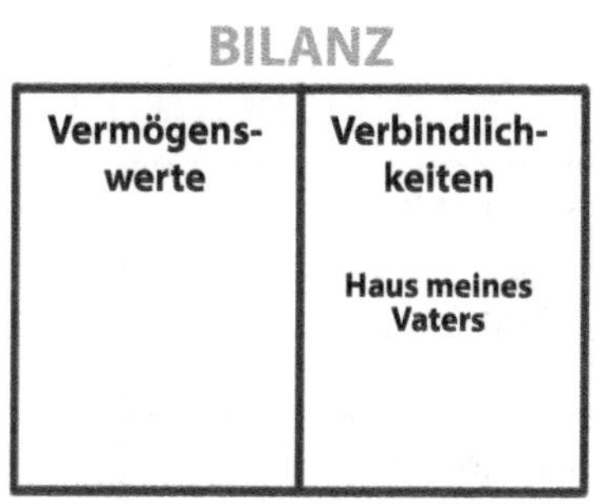

In diesem Fall besagen die Tatsachen, dass Geld abfließt. Es gibt eine Ausgabe, aber keine Einnahme. Mein Elternhaus ist also eine Verbindlichkeit, weil es meinen Vater Geld kostet. Weil es ihm Geld aus der Tasche zieht, zählt es zu den Verbindlichkeiten.

Würde mein Vater das Haus vermieten und so dafür sorgen, dass auf der Einnahmeseite der Gewinn-und-Verlust-Rechnung meines Vaters Geld einginge, wäre das Haus ein Vermögenswert.

GEWINN-UND-VERLUST-RECHNUNG

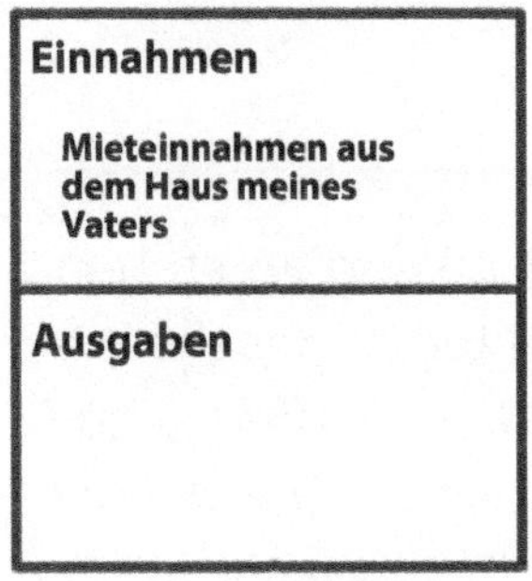

BILANZ

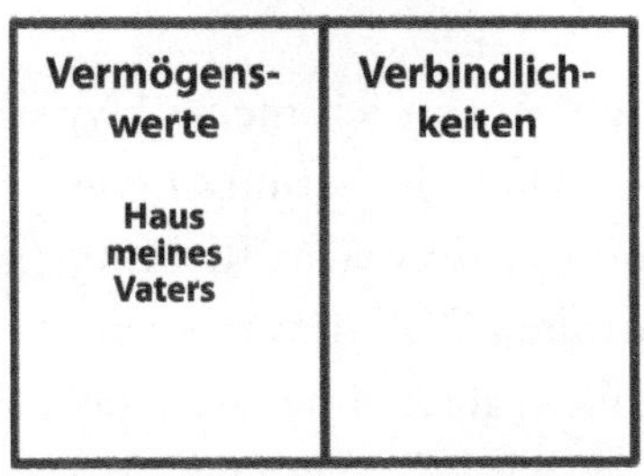

Der Unterschied, den mein reicher Vater hier sah, beruhte auf der Richtung des Cashflows.

Aus diesem Grund analysieren Bankmitarbeiter und andere professionelle Finanzfachleute Abschlüsse. Sie schauen sich erst die Spalten mit den Einnahmen und Ausgaben an, um festzustellen, wobei es sich um Vermögenswerte handelt und wobei um Verbindlichkeiten. Sie treffen ihre Entscheidungen auf der Grundlage von Fakten.

Die meisten Leute stützen sich auf die gängige Meinung, bezeichnen ihr Eigenheim einfach als Vermögenswert und verbuchen es für sich als Aktivposten. Sie machen sich nicht die Mühe, die Fakten zu überprüfen. Sie treffen Finanzentscheidungen auf der Grundlage von Meinungen anstelle von Tatsachen. Wie schon gesagt, entstehen die meisten Probleme durch Meinungen, die als Fakten angesehen werden. Um den Finanzverstand eines Kindes zu fördern, sollten Sie ihm den Unterschied zwischen Tatsachen und Meinungen erklären.

> Die meisten Probleme entstehen durch Meinungen, die als Fakten angesehen werden. Um den Finanzverstand eines Kindes zu fördern, sollten Sie ihm den Unterschied zwischen Tatsachen und Meinungen erklären.

Ich werde oft gefragt: »Wenn ich meine Hypothek erst abgezahlt habe, ist mein Haus dann ein Vermögenswert?« Darauf antworte ich mit einer Gegenfrage: »In welche Richtung fließt das Geld?« Im Falle der meisten privaten Wohnimmobilien ist ein Haus nach wie vor eine Verbindlichkeit, auch ohne Hypothek. Durch den Wegfall der Hypothekenraten wird die Verbindlichkeit zwar kleiner, aber das Haus versursacht nach wie vor Kosten (also Verbindlichkeiten), zum Beispiel in Form von Versicherungsbeiträgen, Rechnungen von Versorgungsbetrieben, Wartungsaufwand und Steuern. Wenn Sie genauer hinschauen *und auf feinere Unterschiede achten*, dann werden Sie sehen, dass Ihr Abschluss auch dann noch folgendermaßen aussieht, wenn Sie keine Hypothek mehr tilgen müssen.

GEWINN-UND-VERLUST-RECHNUNG

BILANZ

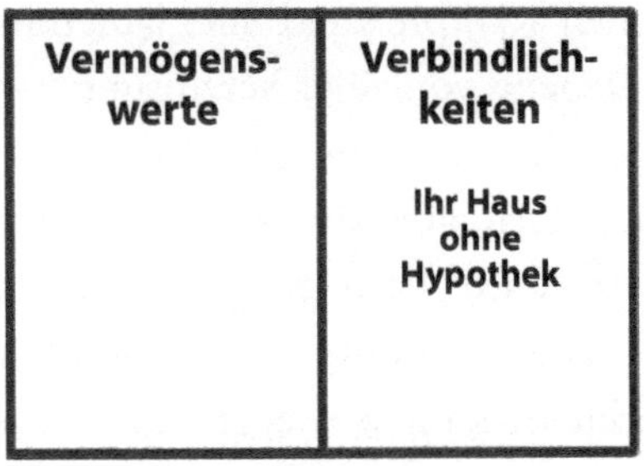

Das Haus wäre also auch weiterhin eine Verbindlichkeit, auch wenn es nicht mehr hypothekarisch belastet ist. Würde der Hausbesitzer aber eine Einliegerwohnung vermieten und 100 Dollar mehr Miete einnehmen, als diese Kosten betragen, würde das Haus von der Passiv- auf die Aktivseite rutschen. Es wäre einfach deshalb ein Vermögenswert, weil es Ihnen Geld einbringen würde, das sich in der Einnahmenspalte Ihrer Gewinn-und-Verlust-Rechnung niederschlägt.

Wertsteigerungen kosten Geld

Viele halten mir entgegen: »Aber mein Haus ist doch im Wert gestiegen.« Das ist aber nur eine Meinung.

Die Tatsache wäre, dass Sie die besagten laufenden Kosten, die Ihnen als Eigentümer der Immobilie entstehen (für Grundsteuern, Reparaturen und so weiter) berücksichtigen müssen, bevor Sie sich aus dem gestiegenen Wert Ihres Hauses einen Gewinn errechnen.

Hätte sich mein reicher Vater für 100 000 Dollar ein Haus gekauft, um darin zu leben, dann wäre ihm klar gewesen, dass er dieses nach sieben Jahren für mindestens 200 000 Dollar verkaufen müsste, um seinen ursprünglichen Kaufpreis und alle laufenden Kosten wieder hereinzuholen (ausgehend von einer Verzinsung von 7 Prozent).

Man könnte sagen, es ist besser, ein eigenes Haus zu haben, als eine Immobilie zu mieten, aber das ist immer noch eine Meinung.

Mein reicher Vater hätte dazu gesagt: Wenn man sicher sagen könnte, dass der Wert des Hauses für 100 000 Dollar steigt, müsste man fünf solche Häuser kaufen – eines, um darin zu leben (eine Verbindlichkeit), und die anderen vier, um sie zu vermieten (Vermögenswerte). Auf dieses Weise würde der Cashflow aus den vier Mietshäusern die laufenden Kosten der selbstgenutzten Immobilie decken, und es würde sogar noch etwas übrig bleiben. Abschließend hätte er gefragt: »Aber bis du auch sicher, dass der Marktwert steigen wird, oder ist das nur deine Meinung?«

SIEBTES KAPITEL

BAUSTEIN NR. 7

GELD WÄCHST WIE EIN BAUM

Leben Sie im Überfluss?

Mein armer Vater sagte oft: »Geld wächst nicht auf Bäumen.«

Mein reicher Vater sagte oft: »Geld wächst wie ein Baum.«

Bei meinem einen Vater war immer Ebbe in der Kasse. Ganz gleich, wie viel er verdiente, wir mussten immer knapsen. Bei meinem reichen Vater dagegen war Geld im Überfluss vorhanden.

Vor ein paar Jahren hörte ich den Vortrag einer Kinderpsychologin, die darüber sprach, wie Kinder im Alter von 5 bis 14 Jahren oft eine Erfolgsformel entwickeln, wie sie das nannte. Im Zuge ihrer

Forschungsarbeit hatte sie festgestellt, dass Kinder in diesem Alter Entscheidungen treffen, aus denen die Formel entsteht, nach der sich das betreffende Kind den Rest seines Lebens richtet. Der Psychologin zufolge ist es für das Kind wichtig, zu wissen, dass die Eltern mit der Erfolgsformel leben können, auch wenn sie möglicherweise nicht damit einverstanden sind. Sagt das Kind zum Beispiel, dass es einmal Filmstar werden möchte, muss es die Unterstützung seiner Eltern spüren, selbst wenn sich diese für ihr Kind etwas anderes vorgestellt hatten. Sie sagte, wenn die Eltern den Wünschen des Kindes widersprechen oder diese abtun, führe das zu Rebellion und Streit – wenn sie zum Beispiel sagen: »Geh zur Schule, such dir einen Job und vergiss deine Träume vom Film.« »Streitigkeiten entstehen häufig, wenn unterschiedliche Erfolgsformeln kollidieren«, so die Psychologin.

Ihr zufolge gibt es in diesem Stadium der geistigen und emotionalen Entwicklung fünf Möglichkeiten:

1. Kinder können dazu ermutigt werden, sich an ihre eigene Erfolgsformel zu halten. Dann können sie sich sicher fühlen, weil sie wissen, dass ihre Eltern sie bedingungslos lieben.

2. Kinder können den Wünschen der Eltern Folge leisten, ihre eigene Erfolgsformel verdrängen und die der Eltern übernehmen. So ein Kind verabschiedet sich womöglich vom Gedanken an eine Schauspielkarriere und studiert stattdessen Medizin, nur weil die Eltern gern einen Mediziner in der Familie hätten.

3. Kinder merken, dass schon ihre eigenen Träume unerreichbar sind und die Träume und Ambitionen ihrer Eltern noch viel mehr. Dann resignieren sie womöglich und denken: »Es hat sowieso alles keinen Sinn.« Vielleicht möchten sie gern Medizin studieren, trauen sich das Studium aber intellektuell nicht zu. Setzt sich diese Haltung durch, glauben manche

Kinder, dass sie machen können, was sie wollen, aber im Leben letztlich trotzdem nichts erreichen werden. Sie geben ihre Erfolgsformel auf und lassen sich ziellos treiben.

4. Manchmal rebellieren Kinder auch einfach gegen Eltern, die ihnen ihre Formel aufdrängen wollen.

5. Mitunter haben Kinder den Eindruck, dass sich die Eltern gar nicht für sie interessieren. Dann suchen sie sich vielleicht eine Formel, die ihnen die Aufmerksamkeit ihrer Eltern sichert – auf die eine oder andere Weise.

Manche Kinder wählen eine Formel, um besondere Leistungen zu bringen und so in den Genuss der elterlichen Aufmerksamkeit zu kommen. So ein Kind brilliert vielleicht auf akademischen Gebiet oder glänzt im Sport, um die Aufmerksamkeit der Eltern zu erregen.

Ein Kind, das die gewünschte Aufmerksamkeit nicht bekommt, sucht sich womöglich eine Formel mit Schockeffekt, um die Eltern aufmerksam zu machen: eine Formel, mit der es den Eltern etwas heimzahlen und sie verletzen kann, weil sie scheinbar so desinteressiert sind, obwohl das vielleicht gar nicht stimmt.

Während die Psychologin sprach, musste ich unwillkürlich an meine eigene Kindheit denken. Erinnerungen stiegen in mir hoch. Mir kam ins Gedächtnis, dass wir sehr arm waren, als ich sechs bis acht Jahre alt war. Die Angst, das Geld könnte nicht reichen, durchdrang die ganze Familie. Von den sechs Mitgliedern unserer Familie waren fünf im Krankenhaus gewesen – der einzige, der nicht krank gewesen war, war mein Vater. Ich erinnere mich noch lebhaft daran, wie er an unserem winzigen Küchentisch saß und sich den Kopf darüber zerbrach, wie er die ganzen Arztrechnungen bezahlen und trotzdem genug Geld zurückbehalten konnte, um seine Familie zu ernähren. Als ältestes von vier Kindern weiß ich noch, wie hilflos ich mich fühlte und dass ich nicht wusste, wie ich meinem Vater helfen konnte. Ich hätte damals so gern gewusst, wie man richtig viel Geld verdient. Dann hätte ich meinem Vater und der ganzen Familie aus der Patsche helfen können.

Als ich acht war, zog unsere Familie von Honolulu nach Big Island, wo mein Vater eine Stelle gefunden hatte, die besser bezahlt wurde. Der Umzug bedeutete für ihn, dass er sein Studium unterbrechen musste. In Honolulu hatte er an einem höheren akademischen Grad gearbeitet. Doch der Unterhalt für die Familie und die zusätzliche Belastung durch die Arztrechnungen setzten dem ein Ende. Er nahm einen Vollzeitjob an und arbeitete nebenher, damit das Geld reichte, doch die Lage wurde nicht besser. Selbst als die Arztrechnungen bezahlt waren, stand die Familie förmlich unter Strom, weil wir ständig Angst hatten, uns könnte das Geld ausgehen. Obwohl mein Vater nun mehr verdiente, war unsere Familie immer knapp bei Kasse. Am Monatsende diskutierten meine Eltern oft über Fragen wie: »Wo ist denn das ganze Geld hin? Ich arbeite und arbeite und ganz gleich, wie viel ich verdiene – am Ende bleibt kein Cent übrig.«

Eines Abends, als mein Vater auf einem Elternabend war, stand meine Mutter weinend in der Küche. Als ich sie fragte, was los sei, zeigte sie mir ein Blatt Papier, auf dem das Logo der Bank prangte. Es war ein leuchtend gelber Kontoauszug. Damals gab es noch keine Computer – alle Buchungen waren mit Durchschlag von Hand getippt. Das untere Drittel der Zahlenkolonne war rot. Als ich den neuen Kontoauszug mit dem vom Vormonat verglich, sah ich gleich, dass die roten Zahlen von Monat zu Monat zunahmen. Ich war erst acht Jahre alt, wusste aber schon ganz genau, was es bedeutete, »in den roten Zahlen« zu sein. Ich konnte meine Mutter nur fest drücken, aber tief in meinem Inneren fühlte ich mich hilflos.

»Dein Vater wird immer sehr wütend, wenn ich ihm unsere Auszüge vorlege«, meinte meine Mutter. »Er wird sauer und wirft mir vor, zu viel Geld auszugeben. Aber ich gebe nicht zu viel Geld aus, mein Sohn. Dass meiste Geld ist ja schon weg, bevor ich überhaupt dazu komme, etwas auszugeben. Also stelle ich Schecks aus, und dann schickt uns die Bank Auszüge mit diesen roten Überziehungen.«

»Und was unternimmt Dad?«, fragte ich meine Mutter. »Was tut er, um dieses Problem zu lösen?«

Meine Mutter sah mich an und meinte: »Er sagt nur, dass er noch mehr arbeiten will. Aber was macht das denn für einen Unterschied? Selbst wenn er mehr arbeitet, verdient er trotzdem nicht mehr. Das macht ihn wütend.«

Ich wusste nicht, wie sich das Problem unserer Familie lösen ließ, aber ich schwor mir im Stillen, dass ich eine Lösung finden würde. Im Jahr darauf zogen wir ans andere Ende der Stadt. Ich wechselte die Schule und lernte Mike und seinen Vater kennen – den Mann, der mein reicher Vater werden sollte.

In diese lebhaften Erinnerungen hinein hörte ich die Psychologin sagen: »Jungen müssen sich ihrer Beziehung zu ihren Vätern in diesen Jahren sehr sicher sein. Hat ein Junge das Gefühl, sein Vater missbilligt seine Erfolgsformel, kann das die Beziehung zerrütten. Dann sucht sich der Junge eine andere Vaterfigur. Ein solches Kind kann sich an einem neuen Elternteil oder einem Mentor orientieren. Zu ihren Müttern haben Jungen häufig eine stärkere Bindung, was schlicht daran liegt, dass Mütter ihre Kinder oft vorbehaltlos lieben – ganz gleich, was sie tun. Man könnte auch sagen: Mütter zeigen ihre Zuneigung anders als Väter. Doch wenn die Vater-Sohn-Beziehung belastet ist, kann es zwischen beiden zu Kämpfen kommen – geistig, emotional und physisch. So eigenartig das einer Frau vorkommen mag, Männer drücken ihre Liebe mitunter durch Kampf aus.«

Als ich an jenem Abend nach dem Vortrag der Psychologin zu Hause saß, merkte ich, dass vieles von dem, was sie gesagt hatte, auf mein persönliches Leben nicht zutraf, anderes dagegen ganz genau. Da saß ich mit meinen beinahe 48 Jahren und konnte mich an manches so klar und deutlich erinnern, als wäre es gestern gewesen.

Ich erinnere mich noch genau an den Abend, an dem ich beschloss, das Geheimnis des Geldes zu ergründen. Damals war ich neun Jahre alt. Ich weiß noch, wie ich mich ganz bewusst entschied, es genauso zu machen wie mein reicher Vater und immer auf ihn zu hören. Ich wusste nicht genau, was er wusste oder ob er wusste, was ich wissen wollte, doch irgendetwas in mir zog mich zu ihm hin. Er schien die Antworten zu haben, die ich suchte. Meinem leiblichen Vater waren seine Karriere, sein Titel und seine eigene Bedeutung in der Gesellschaft offenbar wichtiger als das finanzielle Wohlergehen seiner Familie. Die Erinnerung daran, wie meine Mutter leise über die roten Zahlen auf den Bankauszügen weinte, verursachte einen Riss in meiner Beziehung zu meinem Vater. Ich wusste, ich musste die Antworten finden, die mein Vater nicht geben konnte.

Zwei Arten von Geldproblemen

»Es gibt zwei Arten von Geldproblemen«, erklärte mir mein reicher Vater. »Entweder hat man nicht genug Geld oder zu viel davon. Welches dieser Probleme ist dir lieber?«

Wie ich schon in *Rich Dad Poor Dad* erzählt habe, hat mir mein einer Vater beigebracht, wie man Bewerbungsunterlagen schreibt. Der andere zeigte mir, wie man einen Businessplan aufstellt. Mein reicher Vater war ständig damit beschäftigt, seine Business- oder Investitionspläne aufzusetzen oder auf den neuesten Stand zu bringen. »Habt ihr schon mal jemanden sagen hören: ›Wer nicht plant, der scheitert?‹«, fragte er Mike und mich an einem Samstag. Mike und ich nickten bestätigend. »Tja, genauso ist es«, meinte mein reicher Vater. »Die meisten Menschen haben einen Plan dafür, wie sie ihr Geld verdienen wollen, aber keinen Plan dafür, was sie mit dem verdienten Geld anfangen wollen. Wenn du einen guten Plan für dein Geld hast, noch bevor du es verdienst, dann wird dein Problem sein, dass du zu viel Geld haben wirst.«

Der Plan meines armen Vaters, also seine *Erfolgsformel*, wie die Psychologin sagen würde, war ganz einfach. Sein Plan war, zur Schule zu gehen, sich einen Job zu suchen und fleißig zu arbeiten. Er ging zur Schule, um zu lernen, wie man Geld verdient, aber er versuchte nie, sich erklären zu lassen, was er mit seinem Geld anfangen könnte, wenn er es erst verdient hatte. Sein Plan war ganz offensichtlich, Geld zu verdienen und sich bei jeder Gehaltserhöhung ein größeres Haus oder ein neues Auto zu kaufen. Deshalb war unsere Familie auch dann noch knapp bei Kasse, als die Arztrechnungen längst bezahlt waren.

Der Plan meines reichen Vaters dagegen sah vor, sich mit dem Einkommen, das er aus dem Unternehmen erwirtschaftete, das er aufbaute, keine Verbindlichkeiten, sondern Vermögenswerte anzuschaffen und auf diese Weise passives Einkommen und Einkommen aus Kapitalanlagen zu erzielen. Das Problem der Familie meines reichen Vaters war stets, dass zu viel Geld da war. Woher ich das weiß? Weil mir mein reicher Vater seine Kontoauszüge und Jahresabschlüsse zeigte. Ich weiß es, weil ich ihn zu Terminen mit seinen Bankberatern, Anwälten und Steuerberatern begleiten durfte. Ich weiß es, weil ihm sein Steuerberater ständig in den Ohren lag, er solle sich ein höheres Gehalt auszahlen oder mehr spenden. Ich weiß es, weil mein reicher Vater ständig nach Investments Ausschau hielt, in die er sein Geld stecken konnte.

Bald wurde das für ihn ein Vollzeitjob. Sein Erwerbseinkommen musste schnellstens in passives Einkommen und Einkommen aus Kapitalanlagen umgewandelt werden. Er lebte von 30 Prozent seines Bruttoeinkommens und investierte die restlichen 70 Prozent, wodurch sein Problem, zu viel Geld zu haben, immer größer wurde. Es kam so viel Geld herein, dass er die meiste Zeit damit zubrachte, sich nach weiteren Investitionsmöglichkeiten umzusehen, die ihm noch mehr Geld einbrachten. Als er 50 war, musste er jemanden einstellen, der nur dafür zuständig war, das Einkommen aus seinen Kapitalanlagen zu verwalten, und eine weitere Kraft, um seine Spenden an gemeinnützige Organisationen zu verwalten.

Viele erfolgreiche Unternehmer haben heute dasselbe Problem. Sie beschäftigen nicht nur andere, um ihr Geld für sich arbeiten zu lassen, sondern auch, um ihr Geld wieder zu investieren und ihr philanthropisches Engagement zu managen. Sie haben dieselben »Probleme«, die auch mein reicher Vater kannte.

Ein bleibender Eindruck

Das Beeindruckendste, was mir mein reicher Vater über Geld vermittelte, war die Vorstellung, dass man zu viel Geld haben könnte. Ich war in einer Familie aufgewachsen, in der nie genug Geld da war. Das war für mich ein tiefes emotionales Trauma. Allein der Gedanke, dass ich im Leben einmal zu viel Geld haben könnte, war für mich wie ein Leuchtfeuer in der Dunkelheit.

In meiner Familie herrschte eine tief verwurzelte emotionale Angst davor, das Geld könnte nicht zum Leben reichen. Diese Emotion trübte unsere Gedanken und unsere Sicht auf das Leben. Mein armer Vater sagte oft: »Du glaubst wohl, das Geld wächst auf Bäumen? Weißt du, wie hart ich arbeiten muss, damit jeden Tag Essen auf dem Tisch steht und ihr Kinder etwas zum Anziehen habt?«

In unserer Familie hatte jeder Angst, das Geld könnte nicht reichen. Diese Angst beeinflusste unser Denken und lähmte uns oft – und am Ende wurde sie für unsere Familie zur Realität. Wir hatten so viel Angst davor, nicht genug Geld zu haben, dass wir im wirklichen Leben nie genug Geld hatten. Es war eine selbsterfüllende Prophezeiung. Wie es im Neuen Testament heißt: »Und das Wort wurde Fleisch und wohnte unter uns.« Die Angst, nicht genügend Geld zu haben, war in unserer Familie Fleisch geworden – ganz real und greifbar.

Mein reicher Vater tröstete mich oft. »Ich zeige dir meine Kontoauszüge und mein Investmentportfolio, damit du weißt, dass es in der Welt jede Menge Geld gibt. Deine Eltern zeigen dir Kontoauszüge, um dich glauben zu machen, dass es nicht genug Geld auf der Welt gibt. Dir sollte stets bewusst sein, dass es beide Welten gibt.

Deine Aufgabe ist es, dich für die Welt zu entscheiden, in der du leben möchtest.«

> Mein reicher Vater half mir, die Realität aus zwei Blickwinkeln zu betrachten und erklärte mir, dass wir alle die Wahl haben: »Ich zeige dir meine Kontoauszüge und mein Investmentportfolio, damit du weißt, dass es in der Welt jede Menge Geld gibt. Deine Eltern zeigen dir Kontoauszüge, um dich glauben zu machen, dass es nicht genug Geld auf der Welt gibt. Dir sollte stets bewusst sein, dass es beide Welten gibt. Deine Aufgabe ist es, dich für die Welt zu entscheiden, in der du leben möchtest.«

Das Bild dieser zwei Arten von Kontoauszügen ist mir mein Leben lang im Gedächtnis geblieben. Ich weiß, wenn es meinen reichen Vater nicht gegeben hätte, wäre ich in die Fußstapfen meiner leiblichen Eltern getreten und hätte den Weg der schweren Arbeit, der hohen Ausgaben und der ständigen Angst vor Geldmangel gewählt. Stattdessen tat ich es meinem reichen Vater nach – und entdeckte eine Welt des Finanzverstands, mit einem gesunden Respekt vor der Macht des Geldes und dem Wissen, durch das ich selbst bestimmen konnte, in welcher Welt ich leben wollte. Obwohl ich damals noch kein Geld hatte, entschied ich mich für einen Plan, der mich in eine Welt mit zu viel Geld führen würde.

Unterschiede

1. Es gibt drei Welten des Geldes – die Welt der Reichen, die Welt der Armen und die Welt der Mittelschicht.

Kinder reicher Eltern haben einen Vorteil: Sie kommen aus einer Welt des Überflusses. Dieses Umfeld prägt ihre Perspektiven und ihre Weltanschauung. Die Kinder der Reichen kommen oft als Erste und schon in jungen Jahren mit Investments, Treuhandfonds, Unternehmen, Steuerberatern, Anwälten und Bankern in Berührung. Die Geldanlage zählt oft zu ihren obersten Prioritäten. Ihre Karriere steht an zweiter Stelle. In einkommensschwachen Haushalten und Mittelschichtfamilien hat der Beruf oft oberste Priorität, und dann kommt gleich ein großes Haus und ein schönes Auto. Erst danach wird vielleicht an die Kapitalanlage gedacht. Mir ist dabei ein Unterschied aufgefallen: Wenn die Kapitalanlage oberste Priorität genießt, wachsen Kinder mit der Vorstellung auf, dass es mehr als genug Geld gibt, dass man sein Geld gut verwalten muss und dass man immer daran denken muss, Geld für die Zukunft beiseitezulegen.

Wenn Sie mit Ihren Kindern das Spiel *CASHFLOW* spielen, dann bringen Sie diesen bei, aus dem, was sie haben, Überfluss zu erzeugen – ungeachtet ihrer Ausgangssituation. Meine Familie hatte die schlechte Angewohnheit, sich immer, wenn etwas Geld da war, größere Verbindlichkeiten zuzulegen wie ein neues Auto oder ein größeres Haus.

Mein reicher Vater brachte seinem Sohn und mir bei, 30 Prozent unseres Bruttoeinkommens zu nehmen und davon 10 Prozent auf die hohe Kante zu legen, 10 Prozent zu investieren und 10 Prozent für gemeinnützige Zwecke oder für die Kirche zu spenden. Indem er uns nahelegte, von vornherein 30 Prozent beiseitezulegen, vermittelte er uns, wie man aus dem Überfluss heraus haushaltet. Indem wir erst einmal 30 Prozent abschöpften, erzogen wir uns selbst dazu, dass reichlich Geld da war – nicht dazu, dass nicht genug Geld da war, um uns zu kaufen, was wir gern haben wollten.

Er sagte oft: »Reiche bezahlen sich selbst zuerst. Sie ziehen erst einmal 30 Prozent für sich selbst ab. Dann geben sie ihr Geld aus und zahlen ihre Rechnungen. Arme und Angehörige der Mittelschicht geben ihr Geld erst aus und versuchen dann, auf die hohe Kante zu legen, was übrig bleibt. Das Problem: Oft bleibt nichts übrig.«

> Indem er uns nahelegte, von vornherein 30 Prozent beiseitezulegen, vermittelte er uns, wie man aus dem Überfluss heraus haushaltet. Indem wir erst einmal 30 Prozent abschöpften, erzogen wir uns selbst dazu, dass reichlich Geld da war – nicht dazu, dass nicht genug Geld da war, um uns zu kaufen, was wir gern haben wollten.

Das skizzierte er folgendermaßen:

Die Armen und die Mittelschicht

1. Verdienen
2. Geben ihr Geld aus
3. Spenden
4. Sparen … wenn etwas übrig bleibt

Die Reichen

1. Verdienen
2. Spenden
3. Investieren
4. Sparen
5. Geben ihr Geld aus

Dann zog er einen Strich von den Armen und der Mittelschicht zu den Reichen und sagte: »Die einen arbeiten immer für die anderen.«

2. Fangen Sie mit drei Sparbüchsen an

Als Kind hatte ich drei Sparbüchsen. Als Erwachsener habe ich immer noch drei Sparbüchsen. Obwohl ich diese nicht mehr so einsetze wie früher, erinnern sie mich nach wie vor daran, dass es eine Welt gibt, in der Geld im Überfluss vorhanden ist – und dass ich selbst bestimme, in welcher Welt ich lebe. Wenn ich mein Verlangen, Geld auszugeben, nicht unter Kontrolle habe, werden meine Sparbüchsen leer sein und ich werde in einer Welt leben, in der Geld Mangelware ist. Wenn ich mir aber angewöhnen kann, mich grundsätzlich erst einmal selbst zu bezahlen, dann weiß ich: Ich werde in einer Welt leben, in der es zu viel Geld gibt.

Wenn ich von anderen gefragt werde, was sie tun können, um ihre Finanzen in den Griff zu bekommen, dann rate ich ihnen, sich drei Sparbüchsen anzuschaffen und alle drei jeden Tag zu füttern – und wenn auch nur mit einem Dollar. Die meisten halten das für einen Witz und hätten gern ernsthaftere Antworten, doch ich meine das ganz ernst. Ich empfehle, diese einfache Übung täglich durchzuführen, denn wenn Sie das tun, und zwar immer wieder, dann programmieren Sie Ihren Verstand um – von einer Welt mit zu wenig auf eine Welt mit zu viel Geld. Wer sich das nicht angewöhnen kann, der wird mit hoher Wahrscheinlichkeit wieder in die Welt des Mangels zurückfallen, statt im Überfluss zu leben.

3. Erhöhen Sie den Prozentsatz

Mein erwachsenes Publikum stöhnt oft auf, wenn ich davon spreche, von vornherein 30 Prozent beiseitezulegen. Der Grund dafür: Sie verbrauchen bereits 110 Prozent dessen, was sie verdienen.

Von 70 Prozent ihres Bruttoeinkommens zu leben, wäre für sie mit schmerzhaften Einschnitten und einer drastischen Änderung ihres Lebensstils verbunden. Diesen Leuten sage ich: »Dann fangt eben mit 3 Prozent an. Aber fangt an. Füttert eure drei Sparbüchsen zunächst mit jeweils 1 Prozent eures Bruttoeinkommens. Wenn ihr brutto 1000 Dollar im Monat verdient, legt jeden Monat 10 Dollar in jede Sparbüchse.« Auch dann stöhnen sie noch. Deshalb sage ich: »Bringt das euren Kindern in jungen Jahren bei, dann erspart ihr ihnen damit den Schmerz der finanziellen Entsagung.«

Planen Sie anfangs mit 30 Prozent und erhöhen Sie diesen Prozentsatz kontinuierlich. Will heißen, sparen, spenden und investieren Sie statt 30 Prozent später 40 und dann 50 Prozent. Aus den Biografien von Superreichen geht hervor, dass die meisten von ihnen mindestens 50 Prozent ihres Bruttoeinkommens investieren.

Man könnte auch sagen, sie investieren 50 Prozent, und von den anderen 50 Prozent leben sie. Diese Gewohnheit hat sie reich gemacht. Sir John Templeton, der Begründer der Templeton-Fonds, hat einmal gesagt, als er und seine Frau finanzielle Probleme hatten, hätten sie trotzdem weiterhin mindestens 50 Prozent ihres Bruttoeinkommens investiert. Vielleicht sind seine Fonds ja deshalb so erfolgreich, weil er diese Gewohnheit auf das Management seiner Fondsfamilie übertragen hat.

Arme leben dagegen von 100 Prozent ihres Einkommens und arbeiten dann wieder einen Monat hart, um erneut von 100 Prozent zu leben. Mein reicher Vater lebte am Ende von 10 Prozent seines Bruttoeinkommens. Den Rest legte er wieder an. Wenn Sie sehr reich werden wollen, fangen Sie damit an, einen kleinen Prozentsatz Ihres Einkommens zu sparen, zu spenden und zu investieren, und nehmen Sie sich vor, diesen Anteil zu erhöhen. Mein armer Vater sagte immer: »Ich fange an, zu investieren, wenn ich Geld übrig habe.« Das Problem war nur: Er hatte nie Geld übrig, weil in seiner Welt nie genug Geld da war.

4. Leben Sie nicht nach Ihren Verhältnissen

Sorgen Sie dafür, dass sich Ihre Verhältnisse ändern. Mein armer Vater arbeitete viel und versuchte verzweifelt, so zu leben, wie es seinen Verhältnissen entsprach. Er sagte oft: »Gebt nicht so viel Geld aus. Wir dürfen nicht über unsere Verhältnisse leben.« Mein reicher Vater sagte stets: »Lebt nicht nach euren Verhältnissen. Lernt, eure Verhältnisse zu verändern.« Damit meinte er, wir sollten uns darauf fokussieren, unser Einkommen zu vergrößern, statt zu versuchen, mit unserem Einkommen auszukommen. Er sagte auch: »Die Mittelschicht versucht, ihre Verhältnisse zu verändern, indem sie Geld aufnimmt. Die Reichen sorgen dafür, dass ihre Verhältnisse besser werden, indem sie planen, haushalten, Unternehmen aufbauen und klug investieren.«

> Leben Sie nicht nach Ihren Verhältnissen.
> Lernen Sie, Ihre Verhältnisse zu verändern.

Heute raten Finanzberater ihren Kunden, »Ihre Kreditkarten zu zerschneiden«. Dadurch werden Sie aber nicht automatisch reich. Ich höre Finanzberater auch sagen: »Leben Sie nach Ihren Verhältnissen.« Dieser Rat allein macht Sie auch nicht reich. Solche Ratschläge sind vielleicht für die Armen und die Mittelschicht geeignet, aber wenn Sie reich werden wollen, müssen Sie lernen, wie Sie Ihr Einkommen vergrößern können. Das Spiel *CASHFLOW* zeigt, wie effektiv es ist, eine starke Aktivseite aufzubauen und wie Vermögenswerte letztlich den Cashflow steigern.

Wenn ich anderen erzähle, dass mein reicher Vater von 10 Prozent seines Bruttoeinkommens lebt, sagen die meisten: »Das könnte ich nicht. Das reicht doch nicht.« Das sagen sie, weil sie gar nicht gefragt haben, wie viel das in Dollar ist – 10 Prozent seines Bruttoeinkommens.

Mein reicher Vater war ein Mann, der klein angefangen hat, doch er lebte so, dass es in seiner Welt immer mehr Geld gab. Er lebte nicht unter seinen Verhältnissen. Er verbesserte seine Verhältnisse, indem er immer mehr Geld auf die Aktivseite seiner Bilanz – in Vermögenswerte – lenkte. Er baute Unternehmen auf und investierte in Immobilien. Für ihn wuchs Geld zwar nicht auf Bäumen, doch es wuchs wie ein Baum, als sein Imperium größer wurde und florierte.

Mein hochgebildeter, aber armer Vater versuchte weiterhin, nach seinen Verhältnissen zu leben. Das einzige Problem daran war, dass sich seine Verhältnisse verschlechterten, als er älter wurde, und die Inflation weiter anzog. Er sah eine Welt, in der es nie genug Geld gab, und diese Welt wurde für ihn zur Realität. Mein reicher Vater sah eine Welt des Überflusses … mit zu viel Geld, und diese Welt wurde für ihn zur Realität.

> Mein armer Vater sah eine Welt, in der es nie genug Geld gab, und diese Welt wurde für ihn zur Realität. Mein reicher Vater sah eine Welt mit zu viel Geld, und diese Welt wurde für ihn zur Realität. Es liegt in unseren Händen, uns unsere eigene Realität zu erschaffen.

5. Unser Bildungssystem erzieht uns zur Mangelwirtschaft.

Viele westliche Volkswirtschaften richten sich nach der Theorie des Ökonomen Thomas Malthus. Dessen Prämisse ist, dass es sich bei der Wirtschaftswissenschaft um die Lehre von der Zuweisung knapper Ressourcen handelt. Diese Wirtschaftstheorie ist meines Erachtens veraltet und überholt. Sie wurde zu Beginn des Industriezeitalters populär. Dabei war Thomas Malthus in Wirklichkeit gar kein Ökonom, sondern protestantischer Pfarrer.

Die heutige Realität, das Informationszeitalter, sieht dagegen so aus, dass wir durch die Alchemie der Technologie aus immer weniger immer mehr produzieren können. Mithilfe moderner Technologie lässt sich heute sogar von der vermeintlich knappen Ressource Gold in erschöpft geglaubten Minen mehr auftreiben. Wir stoßen auf Öl, wo wir es nicht vermuten. Und denken Sie mit Blick auf die Welt der Maschinen nur daran, wie Computer und Technologie (und KI, also künstliche Intelligenz) alles revolutioniert haben, vom Design über die Funktionalität bis hin zur Produktion und zur Wartung. In der Frühzeit der Computer waren diese noch riesengroß, brauchten eine Menge Platz und mehrere Personen, um sie zu betreiben. Und sie waren äußerst kostenintensiv. Heute gibt es Computer für ein paar hundert Dollar – kompakte, effektive Hilfsmittel, die viel mehr können als die großen Maschinen früherer Zeiten.

Wenn wir noch malthusianistisch denken, kann das Probleme verursachen. Ich höre immer noch Leute sagen: »Ich verdiene eine Gehaltserhöhung, weil ich diesen Job jetzt schon fünf Jahre lang mache.« Das ist die Denke des Industriezeitalters. In der Welt von heute – einer Welt der billigeren Technologie und des größeren globalen Wettbewerbs – müssen wir alle *mehr* produzieren, um dasselbe zu verdienen, was wir gestern bekamen. Die gute Nachricht: Billige Technologie macht genau das möglich. Es war noch nie so einfach, mit so wenig so viel zu erreichen. Doch es gibt auch eine schlechte Nachricht, die dort beginnt, wo sich Menschen der überholten Theorie von der Knappheit verschreiben und denken, sie sollten mehr Geld dafür bekommen, dass sie weniger arbeiten.

6. Auf die Einstellung kommt es an.

Ich weiß noch, wie ich vor vielen Jahren in Dayton, Ohio, mit einem jungen Mann gesprochen habe. Es ging um Wege zum Reichtum, und er sagte etwas, was ich schon so oft gehört habe: »Ich habe einmal einem der reichsten Männer der Stadt einen Fernseher geliefert. Überrascht stellte ich fest, dass er zu Hause war – ganz allein in seinem großen Haus. Da wurde mir klar, dass die meisten reichen Leute reich sind, weil sie so vielen anderen auf die Füße getreten haben, dass keiner mehr etwas mit ihnen zu tun haben will.«

Als er mir das erzählt hatte, fragte ich ihn, warum er sich ausgerechnet dieses Bild vom Reichtum gemerkt habe. Er dachte nach und sagte schließlich: »Das war das erste Mal, dass ich im Haus eines Reichen gewesen war. Deshalb ist es mir im Gedächtnis geblieben.«

Meiner Ansicht nach sollten wir dahingehend differenzieren, dass wir alle in der Regel das sehen, was wir sehen wollen. Mir begegnen viel zu viele Menschen, denen es finanziell nicht so gut geht und die keine besonders gute Meinung von reichen Leuten haben.

So höre ich beispielsweise immer wieder Äußerungen wie:

- »Ich will gar nicht reich sein, denn Geld macht nicht glücklich.«
- »Die Reichen sind eingebildet – und kriegen den Hals nicht voll.«
- »Reiche Menschen scheren sich nicht um die Armen.«

Die Psychologen bezeichnen solche pauschalen negativen Gemeinplätze und Verunglimpfungen als »Herabwürdigung«. Das tun Menschen, weil sie sich dann selbst besser fühlen. In meiner Familie rechtfertigten meine Eltern ihre schlechte Finanzlage, indem sie darauf hinwiesen, dass sie viel gebildeter seien als mein reicher Vater und dass es ihnen ein größeres Anliegen sei, anderen zu helfen, als diese auszubeuten, wie das ihrer Ansicht nach mein reicher Vater tat. Sie mochten meinen reichen Vater nicht, weil dieser Hunderte von Menschen beschäftigte und sie ihrer Ansicht nach schlecht bezahlte. Deshalb bezeichneten sie ihn als Ausbeuter. Sie sahen die Welt aus dem E-Quadranten. Mein reicher Vater sah die Welt aus dem B-Quadranten.

Die Quintessenz ist, dass die Erfolgsformel eines Kindes zu Hause erste Formen annimmt. Meiner Ansicht nach sollten Kinder möglichst viele Möglichkeiten haben, sich die Erfolgsformel zu suchen, die ihnen auf kurze und auf lange Sicht am besten ein gutes Leben sichert. Im Idealfall gibt die Einstellung, die in der eigenen Familie herrscht, einem Kind die Freiheit der Wahl – die Freiheit, sich für das Leben seiner Träume zu entscheiden und dieses zu leben.

Ich fordere Sie ausdrücklich auf, sich folgende Frage zu stellen: Ist Ihr Zuhause ein Ort des Überflusses oder ein Ort des Geldmangels? Wenn Sie mit Ihren Kindern das Spiel *CASHFLOW* spielen, sollten Sie anfangen, ihnen von einer Welt der Fülle zu erzählen, nicht von einer Welt des Mangels.

Helfen Sie ihnen, sich diese Welt vorzustellen … und die Möglichkeiten, die sie ihnen bieten könnte. Die Fähigkeit, in die Zukunft zu blicken – in eine Zukunft, in der sie glücklich, erfolgreich und zufrieden sind –, ist eine der wichtigsten Perspektiven, die Sie Ihrem Kind vermitteln können, wenn es beginnt, sich seine Erfolgsformel zurechtzulegen.

Die Erfolgsformel eines Kindes nimmt zu Hause erste Formen an. Die Einstellung und das Umfeld in der eigenen Familie geben einem Kind die Freiheit der Wahl - die Freiheit, sich für das Leben seiner Träume zu entscheiden und dieses zu leben.

ACHTES KAPITEL

BAUSTEIN NR. 8

ACHTEN SIE AUF IHRE SPRACHE

Worte sind die effektivsten Werkzeuge, die Sie haben.

Werde ich nach dem größten Unterschied zwischen meinem reichen und meinem armen Vater gefragt, antworte ich prompt: »Ihre Sprache.«

Schon als Kind fiel mir auf, dass sich in den Formulierungen, die meine beiden Väter jeweils verwendeten, ihr Leben widerspiegelte. Auf die Frage »Wie soll ich es anfangen, reich zu werden?« antworte ich daher stets: »Indem Sie erst einmal auf Ihre Wortwahl achten. Worte kosten nichts, sind aber die effektivsten Werkzeuge, die Sie haben.«

Typische Aussagen meines leiblichen Vaters waren:

- »Das kann ich mir nicht leisten.«
- »Das kannst du doch nicht machen.«
- »Ich bin nicht reich, weil ich euch Kinder habe.«
- »Ich bin Lehrer, und Lehrer verdienen nicht so viel. Deshalb bin ich nicht reich.«

Mein reicher Vater dagegen wies seinen Sohn und mich an, unsere Worte mit Bedacht zu wählen. Er sagte oft: »Achtet auf eure Sprache. Reiche Menschen verwenden die Sprache des Reichtums, arme Menschen die Sprache der Armut.«

Vor ein paar Jahren sprach ich vor einer kleinen Gruppe sehr verschiedener Menschen. Sie kamen aus einer wirtschaftlich eher schlechter gestellten Gegend bei San Diego, Kalifornien. Sie sorgten sich um ihre Kinder. Wie Eltern überall auf der Welt wollten sie nur das Beste für ihre Kinder. Während der Veranstaltung stand eine junge Mutter, die ein Baby dabeihatte, auf und sagte: »Sie hatten Glück, Sie hatten einen reichen Vater. Aber was sollen wir tun, damit unsere Kinder finanziell mit Vorsprung ins Leben starten?« Meine Antwort kam wie aus der Pistole geschossen: »Arbeiten Sie an Ihrer Sprache.«

Die junge Mutter blieb stehen. Offensichtlich fühlte sie sich angegriffen, denn sie fragte: »Wollen Sie damit sagen, mein Englisch sei nicht gut? Finden Sie, ich spreche nicht richtig Englisch?«

»Aber nein«, beschwichtigte ich. »Ihr Englisch ist ganz ausgezeichnet. Wenn ich sage, dass Sie anders sprechen sollen, dann meine ich damit, Sie sollten sich mehr Begriffe aus der Wirtschaft und der Welt des Geldes aneignen und zu Hause verwenden – und wenn möglich auch in der Schule.«

»Geben Sie uns doch bitte ein Beispiel für solche wirtschaftlichen Fachbegriffe«, bat eine der anderen Frauen im Raum.

»Also gut«, meinte ich und überlegte kurz. Mein Blick wanderte über diese Gruppe ganz unterschiedlicher Menschen, und ich sagte:

»In ein paar Monaten geht mein Unternehmen mit einem IPO an die Börse. Vorher müssen wir uns noch etwas Mezzanine-Kapital besorgen und ein paar nachrangige Schuldverschreibungen ausgeben. Nach dem Börsengang können wir dann vielleicht mit einer Zweitplatzierung mehr Kapital einwerben.«

Ich sah mich im Raum um und fragte dann: »Wie viele von Ihnen haben verstanden, was ich gerade gesagt habe?« Von den rund 45 Anwesenden hoben nur zwei die Hand. Ich dankte allen für ihre Ehrlichkeit und fuhr fort: »In Wirklichkeit verstehen die wenigsten, was ich gerade gesagt habe.«

»Und das sind englische Begriffe aus der Wirtschaft?«, wollte einer wissen.

»Nur ein paar davon«, entgegnete ich. »Tatsächlich gibt es noch viel mehr solcher wirtschaftlichen Fachbegriffe. Diese Sprache des Geldes hören die Kinder der Reichen schon in frühestem Alter. Und jedes Wort hat eine eigene, wichtige Bedeutung.«

Da warf ein junger Mann aus der ersten Reihe ein: »Und je besser man diese Worte versteht, desto leichter fällt es einem, in der Wirtschaft tätig zu sein, sich mit Geld auszukennen und Vermögen aufzubauen.«

»Genau«, bekräftigte ich. »Sehen Sie, wir sprechen zwar alle Englisch, aber in Wirklichkeit trotzdem nicht immer dieselbe Sprache. Und deshalb verstehen wir einander oft nicht.«

»Aber das ist doch in allen Bereichen so«, meinte einer der jungen Männer aus der Gruppe. »Wenn ich mich für Autos interessiere und ein anderer nicht, dann haben wir uns nichts zu sagen.«

»Ich sehe, Sie haben verstanden«, meinte ich. »Deshalb können Ihre Kinder auch mit Bestnoten von der Schule abgehen und trotzdem nichts von der Sprache der Reichen verstehen – der Sprache des Geldes und der Wirtschaft.«

»Sie meinen, reiche Kinder lernen solche Begriffe zu Hause?«, wollte eine der Frauen wissen.

»Manche schon. Und zwar einfach deshalb, weil ihre Eltern diese Begriffe häufig verwenden«, erklärte ich.

»Wollen Sie damit sagen, dass wir unsere Kinder zur Schule schicken, diese aber trotzdem nicht die Sprache der Reichen lernen?«, fragte eine andere Mutter ungläubig.

Ich nickte bedächtig. »Eigentlich will ich damit Folgendes sagen: Wenn Sie möchten, dass es Ihrer Gruppe und Ihren Leuten – und Kindern – finanziell besser geht, dann müssen Sie zunächst neue Begriffe einführen, die in der Schule nicht gelehrt werden. Damit fängt alles an. Wenn ich von einem ›unbesicherten Finanzierungsinstrument‹ spreche, wie viele von Ihnen wüssten dann, was ich meine?«

Diesmal ging keine einzige Hand in die Höhe.

Lächelnd fragte ich weiter: »Und wie viele von Ihnen wissen, was eine Kreditkarte ist?«

Unter lautem Gelächter meldeten sich fast alle, sogar ein paar der kleineren Kinder.

Lachend meinte ich: »Ein unbesichertes Finanzierungsinstrument und eine Kreditkarte sind im Grunde fast dasselbe.«

»Sie meinen, sie beschreiben ein und dieselbe Sache einmal mit der Sprache der Wirtschaft und einmal mit der Sprache der Leute?«, fragte der junge Mann aus der ersten Reihe.

Ich nickte wieder. »In der Grundschule und auf der Highschool erlernen wir die akademische Sprache. Wir lernen die Begriffe, die Lehrer verwenden. Wenn wir Jura studieren, erlernen wir die Rechtssprache. Ärzte studieren Medizin und eignen sich dabei medizinische Fachbegriffe an. Klempner lernen die Sprache ihres Berufs und so weiter.«

»Das heißt, unsere jungen Leute können gut in der Schule sein und lernen trotzdem nicht die Sprache der Reichen … die Sprache des Geldes. Stattdessen eignen sie sich die Sprache der Mittelschicht an«, erklärte die junge Frau.

»Und die Werte der Mittelschicht«, ergänzte ich leise. »Deshalb sagen so viele Leute: ›Ich suche mir einen soliden, sicheren Job und dann kaufe ich mir mein Traumhaus, denn ein Haus ist ein Vermögenswert.‹ Sie verwenden diese Worte, weil sie ihnen vertraut sind.«

»Und was hat Ihnen Ihr reicher Vater beigebracht?«

»Statt mir zu raten, mich bei einem Unternehmen zu bewerben, empfahl er mir, mich lieber auf eigene Füße zu stellen und Unternehmen aufzubauen.«

»Aber das kann nicht jeder«, meinte ein Mann mittleren Alters mit Baseballkappe, der ganz hinten saß. »Nicht jeder kann reich werden.«

Ich blieb stehen und ließ diese Aussage im Raum verhallen. Mit jeder Sekunde wurde die Stille angespannter … und die Worte klangen lange nach.

»Meine Sprache verändern«, wiederholte der Mann. »Warum sollte ich anders sprechen? Sehen Sie, ich bin heute hergekommen, weil ich schon zum zweiten Mal meinen Job verloren habe. Ich muss meine Rechnungen bezahlen und meine Kinder ernähren, und da haben Sie keinen besseren Rat für mich, als an meiner Sprache zu arbeiten? Ich brauche einen Job, in dem ich anständig verdiene, damit ich den Lebensunterhalt meiner Familie bestreiten kann. Ich will gar nicht reich werden. Ich möchte nur genug Geld haben, um davon zu leben – und Sie haben dazu nicht mehr zu sagen, als dass ich anders sprechen soll. Wenn das alles ist …«

Damit stand er auf und stürmte aus dem Zimmer.

Als er gegangen war, erhoben sich drei weitere Personen. Eine davon, eine Frau in meinem Alter, drehte sich noch einmal um und sagte: »Mein Leben lang habe ich auf reiche Betrüger wie Sie gehört. Damit ist jetzt Schluss. Ihr Reichen seid es, die uns ehrliche, fleißige Leute ausbeuten. Und dann stellt ihr euch hin und erzählt uns, euer reicher Daddy habe euch geraten, Unternehmen aufzubauen. Schön für Sie. Mein Daddy hat mir so etwas nicht gesagt. Und deshalb werde ich nie reich. Und Sie haben dazu nicht mehr zu sagen, als dass ich an meiner Sprache arbeiten soll. Was für eine Zeitverschwendung.«

Sie wandte sich ab und schloss sich der Gruppe an, die sich zum Gehen anschickte.

Mir blieb förmlich die Luft weg. Ich musste erst einmal ganz bewusst tief durchatmen, konnte aber immer noch nichts sagen. Obwohl dieser

Ausbruch unerwartet kam, hielt ich es für das Beste, die Worte zunächst auf alle wirken zu lassen, die noch sitzen geblieben waren.

Schließlich stand die junge Frau mit dem Baby im Arm auf und meinte: »Das meinen Sie also, wenn Sie sagen, man soll auf seine Wortwahl achten«.

Ich nickte und forderte sie mit Blicken auf, weiterzusprechen.

»Das meinen Sie damit, wenn Sie sagen, dass unsere Sprache widerspiegelt, wie wir leben«, fuhr sie fort.

Ich nickte noch einmal.

»Ich möchte nicht, dass mein Baby unter Menschen aufwächst, die so reden«, stellte sie fest.

Da stand noch eine Frau auf und sagte: »Also ich bin in einem Haushalt aufgewachsen, in dem genauso gesprochen wurde. Die Leute, die gerade gegangen sind, hätten meine Eltern sein können – gute, arbeitsame Menschen, die ihr ganzes Leben lang finanziell zu kämpfen hatten.«

»Und wie hat sich das auf Ihr Leben ausgewirkt?«, fragte ich.

»Na ja, viel über Geld haben wir jedenfalls nicht gelernt. Aber viel über finanziell bedingten Ärger und Frust«, erklärte sie. »Mir wurde gesagt, der Weg aus der Armut sei, zur Schule zu gehen, damit ich einen guten Job finden würde, und so habe ich es gemacht. Ehrlich gesagt schiebe ich aber den gleichen Finanzfrust wie seinerzeit meine Eltern. Manchmal macht es mich richtig wütend, wenn ich Leute wie Sie sagen höre, dass Sie mehrere Millionen im Jahr verdienen, während es mir schwerfällt, einen sicheren Arbeitsplatz zu finden, der mir 45 000 Dollar im Jahr einbringt.«

Eine weitere Frau erhob sich und meinte: »Wissen Sie, das Schlimmste ist, dass mir solche Gedanken auch durch den Kopf gehen. Wenn es um Geld geht, kann ich meine innere Stimme einfach nicht zum Schweigen bringen. In meinem Kopf kreisen dann dieselben zornigen, gehässigen Gedanken um Geld. Ich spreche sie nur nicht so laut aus wie die Leute, die gerade gegangen sind. Was soll ich tun?«

»Ich bin froh, dass Sie das sagen …«, warf ein Mann in meinem Alter ein. »Ich habe auch solche Gedanken. Und ich besuche seit Jahren immer wieder Motivationskurse, weil ich lernen will, positiv zu denken, nette Dinge zu sagen und freundlich zu anderen Menschen zu sein. Das tue ich, und es klappt auch. Doch wenn es um Geld, Rechnungen, Träume und den Wunsch geht, weiterzukommen, dann bin ich noch genauso frustriert wie immer. Ich möchte meiner Familie wirklich gern mehr bieten, doch mit positivem Denken und Sprechen ist das nicht getan. Davon kann man keine Rechnungen bezahlen.«

Nachdem ich mich bei allen bedankt hatte, dass sie geblieben waren, holte ich tief Atem, sammelte mich und verriet ihnen die möglicherweise wichtigste Lektion über Geld, die ich kenne. »Wie viele von Ihnen haben das Buch *Think and Grow Rich* von Napoleon Hill gelesen?« Von den verbliebenen rund 40 Personen meldeten sich etwa fünf.

»Und wie viele haben *Wie der Mensch denkt, so lebt er* von James Allen gelesen?« Diesmal hob nur ein einziger aus der Gruppe die Hand.

»Vielleicht ist Ihnen ja aufgefallen, dass beide Bücher das Wort ›denken‹ im Titel haben. Dabei handelt es sich um ein Verb – ebenso wie beim Wort ›arbeiten‹. Und ein Verb beschreibt eine Tätigkeit. Wenn es um Geld geht, arbeiten die Menschen mit den größten Geldproblemen hart für ihr Geld, verändern aber nicht, wie sie über Geld *denken*. Sie arbeiten, statt zu denken. Ich weise oft darauf hin, dass Napoleon Hills Buch nicht ohne Grund *Denke nach und werde reich* heißt – und nicht *Arbeite hart und werde reich*.«

Einen Moment lang schwiegen alle. Dann erhob sich die junge Frau mit dem Baby und sagte zögernd: »Wir handeln also, wie wir denken.«

Ich nickte zustimmend.

»Und wir tun, was wir denken. Und wir denken, dass wir zur Schule gehen, uns einen guten Job suchen, ein Haus kaufen, ein Auto anschaffen und Geld ausgeben müssen, um ein gutes Leben zu führen, und arbeiten dann umso mehr, um unsere Rechnungen zu bezahlen.«

Ich stand stumm da und wartete darauf, dass sie ihren Gedanken weiter ausführte.

»Solange ich so denke, werde ich bestimmt nicht reich«, sagte sie. »Ich mache nichts anderes als arbeiten und Rechnungen bezahlen. Und dann ärgere ich mich und bin frustriert, weil ich nicht reich werde. Und Leute wie Sie verdienen Millionen.«

Alle im Raum warteten gespannt, was sie noch zu sagen hatte.

»Und ich richte mich dabei ganz nach den Worten, die ich im Kopf habe. Wenn ich diese nicht ändere, wird es immer so weitergehen«, schloss sie und schaute versonnen vor sich hin. Ihr war aufgegangen, dass sie tun musste, wozu mich mein reicher Vater ermahnt hatte: auf ihre Sprache achten. Sie sprach laut aus, was sie sich in ihrem Leben die meiste Zeit über still eingeredet hatte … die Worte, die sie bei inneren Zwiegesprächen im Kopf gehabt hatte.

Im Raum war es mucksmäuschenstill, während sie alleine dastand und ihre Worte bei den anderen Eltern auf Resonanz stießen. Ihr ging durch den Kopf, was sie ihr ganzes Leben lang zwanghaft gesagt und gedacht hatte. Ich vermutete, dass es allen anderen im Raum ähnlich ging. Es war ein Moment der Stille, in dem sich der Blick nach innen richtete. Es war ein Moment, in dem wir das Getöse der Welt ausblendeten und Ruhe einkehrte – im Kopf und in der Seele. Solche Momente bieten die besten Chancen für Veränderungen. In solchen Momenten, wenn die Stimmen in unserem Kopf verstummen und wir die Ruhe genießen, können wir die Erfolgsformel auf den Prüfstand stellen, die wir uns vor Jahren angeeignet haben. In solchen ruhigen Momenten können wir beschließen, Änderungen an unserer Formel vorzunehmen. In solchen Momenten haben wir die Möglichkeit, unser Leben zu verändern … und unser Schicksal.

»Ich arbeite also viel, kaufe mir ein schönes Haus, bezahle meine Rechnungen, genieße das Leben, habe Kinder und lebe für den Moment, weil ich mich dafür entschieden habe«, erklärte die junge

Mutter. »Und das kann nur anders werden, wenn ich die Formel verändere – die Worte, die ich im Kopf habe.«

»Das müssen gar keine so großen Veränderungen sein«, schaltete ich mich ein. »Es reicht, wenn Sie etwas anders denken oder ein paar Worte hinzufügen. Ich denke, Sie werden feststellen, dass mich dieselben Dinge interessieren wie Sie. Ich glaube, die meisten von uns wünschen sich dasselbe. Es fehlen nur ein paar Worte.«

Ein älterer Herr saß still in den hinteren Reihen und verfolgte unseren Austausch. Er war geschäftsmäßig gekleidet und sprach selbstbewusst, als er sich erhob und sagte: »Wenn ich mehr Geld brauchte, ging ich los und arbeitete mehr. Ich suchte mir einen Nebenjob oder machte Überstunden. Und Sie sagen mir jetzt, dass das die Sprache der Arbeiterklasse ist.«

»So habe ich das nicht gesagt«, meinte ich beschwichtigend.

»Nein, nein, ich weiß schon«, meinte er. »Sie behaupten gar nicht, dass die Arbeiterklasse falschliegt. Ich will nur sichergehen: Sie meinen doch, dass ich in meinem Denken und Handeln die Sprache der Arbeiterklasse benutze und Sie die Sprache der Reichen? Sie verwenden wirtschaftliche Fachbegriffe, die Sprache des Geldes, und ich die Sprache der Arbeiter? Ist es nicht so?«

»Ja, genau das meine ich. Und darin liegt die Magie, die heute in diesem Raum herrscht. Wir können erkennen, wie unterschiedlich wir denken und sprechen. Vor allem aber gibt uns diese Erkenntnis Einfluss und die Macht, Dinge zu verändern.« Dann fragte ich ihn: »Was machen Sie beruflich?«

»Ich bin Ingenieur und arbeite bei der Stadt«, sagte er. »Ich verdiene ganz gut, aber mit Kindern, die bald aufs College gehen wollen, nehme ich jeden Nebenjob an, um Geld für ihr Studium beiseitezulegen. Das Problem dabei ist: Ich habe immer weniger Zeit für meine Kinder und hätte gern viel mehr. In ein paar Jahren sind sie aus dem Haus, und bis dahin werde ich nur gearbeitet haben, statt wertvolle Zeit mit ihnen zu verbringen«, gestand er und schob nach: »Außerdem erzähle ich ihnen auch noch, sie sollen es genauso machen wie ich.«

Ich dankte ihm, als er sich wieder hinsetzte, und sagte: »Positives Denken ist wichtig, weil es auf die eigene Einstellung ankommt. Doch wenn Sie nur Ihre Einstellung verändern, nicht aber Ihren Wortschatz, dann wird sich nicht viel ändern. Wenn Sie reich werden wollen, empfehle ich Ihnen, die Sprache der Reichen zu lernen. Leider verwenden zu viele Menschen wirtschaftliche Fachbegriffe, ohne zu wissen, was diese bedeuten, und können dadurch noch größere Probleme bekommen.«

> Positives Denken ist wichtig, weil es auf die eigene Einstellung ankommt. Doch wenn Sie nur Ihre Einstellung verändern, nicht aber Ihren Wortschatz, dann wird sich nicht viel ändern. Wenn Sie reich werden wollen, empfehle ich Ihnen, die Sprache der Reichen zu lernen.

Nachdem ich das gesagt hatte, bestürmte mich mein Publikum mit Fragen. »Was meinen Sie damit, dass wir Begriffe verwenden, ohne zu wissen, was sie bedeuten?«, wollte eine junge Frau wissen. »Könnten Sie uns dafür ein Beispiel geben?«

»Gern. Was bedeutet der Begriff ›mortgage‹ (dt.Hypothek)?«, fragte ich zurück.

Da trat Stille ein. Schließlich meine eine junge Frage mit fragendem Unterton: »Bedeutet das nicht ›Schulden‹?«

Ich nickte. »In vieler Hinsicht trifft das zu, aber streng genommen stammt das Wort vom französischen ›mortir‹ ab, was ›Tod‹ bedeutet. Das Wort ›mortgage‹ bedeutet daher wörtlich übersetzt ein ›Vertrag bis zum Tod‹. Und genau das ist eine Hypothek für viele Millionen Menschen in mehrerer Hinsicht. Sie arbeiten ihr Leben lang, bezahlen brav ihre Rechnungen und werden ihre Hypothek bis zum Tod nicht los. Dieselben Leute bezeichnen oft Dinge als

›Vermögenswerte‹, die eigentlich ›Verbindlichkeiten‹ sind. Dazu kommt es, wenn man ein Wort verwendet, dessen Bedeutung man nicht genau kennt oder versteht. Macht hat dieses Wort trotzdem.«

»Gibt es noch andere Begriffe, die wir kennen sollten?«, fragte einer aus der Gruppe.

»Tja, ›Immobilien‹ ist ebenfalls ein interessantes Wort«, meinte ich. »Die meisten Menschen verbinden damit die Vorstellung von einem Realwert – einem Wertgegenstand, den man sehen, berühren oder anfassen kann, beziehungsweise einem konkreten Vermögensgegenstand im Gegensatz zu einem Wertpapier wie einer Aktie, einer Anleihe oder Investmentfondsanteilen. Doch in Wirklichkeit kommt der Begriff real aus dem Spanischen und hat mit ›königlich‹ zu tun und bedeutet, dass früher alle Gebäude und Ländereien dem Königshaus gehörten. Und heute ist das nicht viel anders.«

»Was soll das heißen, Immobilien würden heute noch den Königen gehören?«, hakte ein Teilnehmer nach. »Gehören Immobilien denn nicht ihrem Eigentümer, wenn dieser seine Hypothek abgezahlt hat?«

»So scheint es«, sagte ich. »Doch wenn Sie ganz genau hinschauen und Ihren Abschluss unter die Lupe nehmen, dann werden Sie feststellen, dass Sie auch nach der Tilgung Ihrer Hypothek noch Grundsteuern zahlen müssen. Man könnte auch sagen, Sie glauben zwar, dass die Immobilie Ihnen gehört, doch Ihnen fallen nach wie vor Kosten dafür an. Im Klartext heißt das: Die Immobilie gehört noch immer den Königen, die nach wie vor die Regierung steuern. Wenn Sie glauben, Ihre Immobilie gehört Ihnen, dann hören Sie doch einfach auf, dafür Grundsteuern zu entrichten. Sie werden schnell merken, wem Ihre Immobilie wirklich gehört – mit oder ohne Hypothek.«

»Also gut«, meldete sich einer der Männer zu Wort. »Wir können unseren Kindern eine bessere Zukunft ermöglichen, wenn wir sie die Sprache der Wirtschaft lehren. Und Sie glauben wirklich, das bringt etwas?«

»Es wäre zumindest kein schlechter Anfang«, erwiderte ich. »Schauen Sie sich nur die ehemalige Sowjetunion an. Jeder fragt sich, warum Russland Probleme hatte, sich vom Kommunismus auf ein kapitalistisches System umzustellen. Doch wie kann man die Dinge verändern, wenn die eigenen Leute und ihr Bildungssystem die Sprache der Wirtschaft nicht kennen und nicht vermitteln? Wie kann eine freie Marktwirtschaft funktionieren, wenn die Menschen nach wie vor glauben, der Staat müsse sich um sie kümmern? Wie können die Menschen reich werden, wenn sie die Sprache der Reichen nicht beherrschen? Wir können sie reich werden, wenn ihnen beigebracht wurde, sich einen sicheren Job zu suchen, statt sich nach Investmentchancen umzusehen? Wie können sie reich werden, wenn sie zu sich selbst sagen: ›Such dir einen Job‹, statt: ›Wie viele Arbeitsplätze kann ich schaffen?‹«

Die junge Mutter erhob sich. »Dann bringt es also nichts, den Armen Geld zu geben, weil diese mit dem Geld gar nicht umgehen können. Wollen Sie uns das sagen?«

Ich nickte ihr auffordernd zu, um sie zum Fortfahren zu animieren.

»Wir arbeiten hart für unser Geld, doch in Ihrer Welt arbeiten das Geld und die Leute hart für Sie. Meinen Sie das so?«

Diesmal holte ich tief Luft und trat einen Schritt zurück, während ich nickte. Da kam sie richtig in Fahrt. Mir schien, sie betrachtete das Thema jetzt differenzierter. Ihr war ganz offensichtlich ein Licht aufgegangen.

»Wenn wir also anfangen, unseren Kinder die Sprache der Reichen beizubringen oder die Sprache des Geldes und der Wirtschaft, dann ist das ein Schritt hin zur Steigerung des finanziellen Wohlergehens unserer ganzen Gesellschaft. Wirtschaftliche Veränderungen fangen bei der Bildung an. Wollen Sie uns das sagen?«

»Ja«, bestätigte ich. »Genau das will ich Ihnen sagen.«

Die englische Sprache verfügt über rund 2 Millionen Wörter, und unser Leben wird eingeschränkt auf die wenigen davon, die wir verwenden. Die meisten Menschen verwenden im Regelfall weniger als 5000 Wörter. Die Auswahl ist groß, doch trotzdem bedienen wir uns immer wieder derselben Wörter.

Ich ermutigte die anwesenden Eltern und forderte sie auch ein bisschen heraus, als ich sagte: »Denken Sie daran: Wählen Sie Ihre Worte künftig mit Bedacht. Veränderungen beginnen bei der Sprache. Wem Dinge durch den Kopf gehen, die er eigentlich gar nicht denken möchte, der muss sich nur sagen: ›Ich entscheide mich bewusst gegen diese Gedanken.‹ Sie haben ein Recht darauf, selbst zu entscheiden, was Sie denken wollen. Werden Sie die betreffenden Gedanken nicht los, ignorieren Sie sie einfach.« Ich setzte hinzu: »Denken Sie dabei an den Rat meines reichen Vaters: ›Du kannst nicht immer beeinflussen, was du denkst, aber du kannst selbst bestimmen, was du sagst. Wenn du etwas nicht denken möchtest, dann sag es nicht.‹

Wenn du dir das angewöhnst, werden die unerwünschten Gedanken nach und nach in den Hintergrund treten. Sie werden immer weniger Einfluss auf dein Leben haben. Sag nur, was du wirklich sagen willst, und sag es so, wie du es sagen willst. Wahre eine positive, aber realistische Grundhaltung und fange an, die Sprache der Wirtschaft, die Sprache des Wohlstands und die Sprache der Reichen zu sprechen. Was du sagst, beeinflusst, was du denkst – und unsere Gedanken wirken sich auf unser Handeln aus und unser Handeln auf unser Leben und unsere Zukunft.«

Mit meinem Schlussgedanken schien ich ins Schwarze zu treffen: »Und die gute Nachricht ist … Wörter kosten nichts.«

> Sag nur, was du wirklich sagen willst, und sag es so, wie du es sagen willst. Wahre eine positive, aber realistische Grundhaltung und fange an, die Sprache der Wirtschaft, die Sprache des Wohlstands und die Sprache der Reichen zu sprechen. Was du sagst, beeinflusst, was du denkst – und unsere Gedanken wirken sich auf unser Handeln aus und unser Handeln auf unser Leben und unsere Zukunft.

Achten Sie darauf, was Sie hören

Es war noch nie so einfach wie heute, Zugang zur Sprache der Wirtschaft zu finden. In der Schule war ich kein besonders eifriger Leser. Im wirklichen Leben lese ich zwar ständig, finde aber, dass meine Lesefähigkeit nach wie vor zu wünschen übrig lässt. Um die Schule zu schaffen und meinen IQ zu steigern, musste ich mir die Lernmethode suchen, die für mich am besten geeignet war.

Im Laufe der Jahre habe ich festgestellt, dass ich am besten aus aktiven Seminaren lerne, von Mentoren, die bereits geschafft haben, was mir vorschwebt, oder indem ich mir Aufzeichnungen durchlese oder anhöre. Durch die Zauberkraft des Internets hat das Informationszeitalter dafür gesorgt, dass die besten Mentoren der Welt praktisch jedermann zur Verfügung stehen. Im Industriezeitalter musste man dem Meister zu Füßen sitzen. Im Informationszeitalter kommt der Meister zu Ihnen, wo immer Sie gern sitzen möchten.

Mir ist aufgefallen, dass es Menschen, die ihren Wortschatz nicht erweitern, auch nicht gelingt, ihr Leben zu verbessern. Statt voranzukommen, bleiben sie stehen und fallen mit zunehmendem Alter zurück. Deshalb glaube ich fest an repetitives und laufendes Lernen. Ich habe mir angewöhnt, regelmäßig Bücher zu lesen. Gefällt mir ein Buch, sehe ich mich nach der Hörbuchversion davon um. Diese höre ich mir immer wieder an, weil ich den in meinem Gehirn gespeicherten Sprachfundus erweitern und verbessern möchte. der zweite Aspekt des Ratschlags meines reichen Vaters – darauf zu achten, was man von sich gibt –, ist, auch darauf zu achten, was man hört.

Wie Sie denken, bestimmt Ihr Handeln.

Und handeln müssen Sie.

Sie sollten Ihren Kindern Folgendes vermitteln:

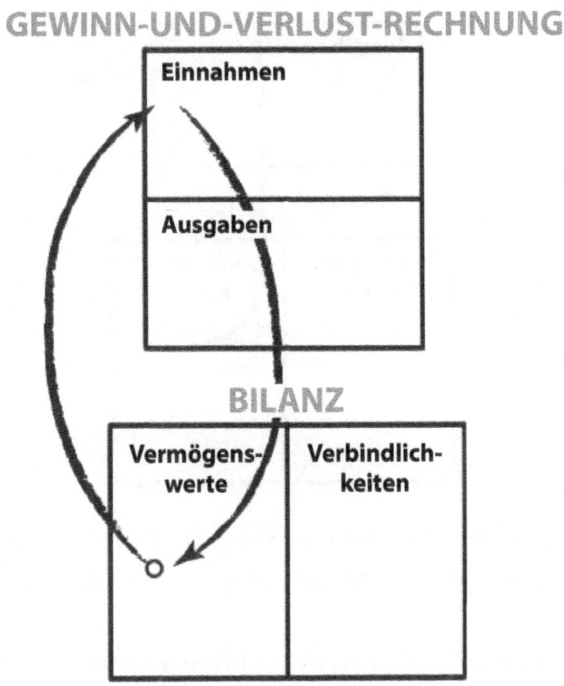

Andere wollen Ihren Kindern Folgendes beibringen:

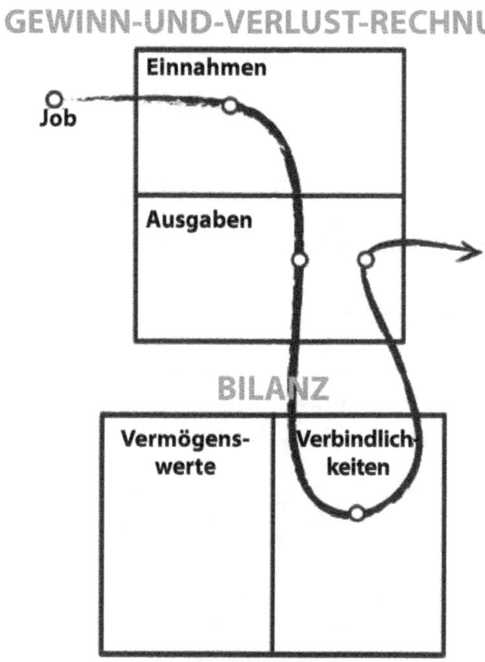

Wie mein reicher Vater sagte: »Wenn Sie Ihren Kindern nichts über Geld beibringen, dann gibt es genug andere, die das übernehmen.«

Wir sind in ein Zeitalter mit beispiellosen finanziellen Chancen, aber auch gewaltigen finanziellen Veränderungen eingetreten. Der Markt wird Boomphasen und Einbrüche verzeichnen. Sicherlich hätten die meisten von uns gern eine Kristallkugel, um im Voraus zu wissen, wie sie finanziell in Zukunft am besten vorgehen, doch ich fürchte, so eine Kristallkugel gibt es nicht. In dieser Ära des radikalen Wandels rate ich Ihnen: Versuchen Sie nicht, die Zukunft vorherzusagen, sondern wappnen Sie sich lieber für alle Eventualitäten.

Denken Sie immer daran, was mein reicher Vater sagte: »Einer der Gründe dafür, warum die Reichen reich bleiben: Sie wissen, wie man in guten Zeiten zurechtkommt und Erfolg hat … und in schlechten Zeiten gelingt ihnen das in der Regel sogar noch besser.«

Stellen Sie sich und Ihre Kinder darauf ein, dass es in Zukunft auf und ab gehen wird. Bereiten Sie sie auf die Realität vor … auf eine Welt des Überflusses und der unbegrenzten Möglichkeiten.

SCHLUSSGEDANKE

BONUS

DIE WEISHEIT MEINES REICHEN VATERS – DIE MACHT DER SPRACHE

Wörter sind Treibstoff für Ihr Gehirn. Wenn Sie Ihr Finanzvokabular erweitern, werden Sie reicher und reicher. Die gute Nachricht: Wörter kosten nichts. Das beweist wieder einmal, dass man kein Geld braucht, um zu Geld zu kommen. Um Ihren Wortschatz über die auf der Rich-Dad-Webseite und in Büchern enthaltenen Finanzbegriffe hinaus zu vergrößern, sollten Sie darüber nachdenken, sich ein Fachwörterbuch anzuschaffen. Wenn Sie Finanzbegriffe regelmäßig nachschlagen (oder Definitionen von Begriffen nachlesen, die Sie nicht verstehen), stellen Sie vielleicht fest, wie Sie dabei immer reicher werden.

Ein Beispiel für die Macht der Sprache: Wenn Ihnen jemand rät, Ihre Schulden loszuwerden – weiß derjenige auch, wovon er spricht?

Wenn Sie eine Anleihe kaufen, erwerben Sie damit Schulden. Ein US-Schatzwechsel ist eine solche Anleihe – ein Schuldschein der US-Regierung. Wenn Sie also eine Anleihe kaufen, dann schaffen Sie sich Schulden an … Schulden, die in Ihrer Bilanz als Vermögenswerte auftauchen, in der Bilanz der US-Regierung dagegen als Verbindlichkeiten. Manche der reichsten Leute der Welt (ebenso wie Finanzinstitute) werden immer reicher, weil sie in Schulden investieren.

Bezeichnet ein Bankberater Ihr Eigenheim als Vermögenswert, dann sollten Sie sich fragen: Für wen ist es ein Vermögenswert? Per definitionem bringen Ihnen Vermögenswerte Geld ein, Verbindlichkeiten kosten Sie Geld. Wenn Sie sich die Bilanz Ihrer Bank anschauen, können Sie besser erkennen, für wen Ihr Eigenheim in Wirklichkeit einen Vermögenswert darstellt …

Um die Finanzkraft Ihres Gehirns zu verbessern, sollten Sie Ihren Finanzwortschatz erweitern.

Wörter sind Treibstoff für Ihr Gehirn! Und sie kosten nichts …

WARUM SIE SPIELEN SOLLTEN

Spiele gehören zu den besten Lehrern … und Lehrmitteln.
Maria Montessori hat gesagt: »Was die Hand tut, merkt sich der Geist.«

Besuchen Sie die Website RichDad.com …
und spielen Sie das Spiel *CASHFLOW* kostenlos!

CASHFLOW

CASHFLOW for Kids

CASHFLOW ist in 18 Sprachen auf dem Markt und weltweit erhältlich.
CASHFLOW for Kids ist in englischer und spanischer Sprache veröffentlicht.

Mehr über die *CASHFLOW*-Brettspiele erfahren Sie im Rich Dad Store auf RichDad.com

ÜBER DEN AUTOR
ROBERT T. KIYOSAKI

Der vor allem als Autor von *Rich Dad Poor Dad* (dem erfolgreichsten Finanzratgeber aller Zeiten) bekannte Robert Kiyosaki hat infrage gestellt und verändert, wie zig Millionen Menschen auf der Welt über Geld denken. Er ist Unternehmer, Lehrer und Investor und der festen Überzeugung, dass die Welt mehr Unternehmer braucht, die Arbeitsplätze schaffen.

Mit Ansichten über Geld und Kapitalanlage, die der gängigen Meinung oftmals zuwiderlaufen, hat sich Robert international einen Ruf für klare, respektlose und gewagte Ansagen erworben und spricht sich leidenschaftlich und wortgewaltig für mehr Finanzbildung aus.

Robert und Kim Kiyosaki haben beide Bücher geschrieben und gemeinsam das Finanzbildungsunternehmen The Rich Dad Company gegründet und die *CASHFLOW*®-Spiele entwickelt.

Robert gilt als Visionär mit der Gabe, komplexe Zusammenhänge – Vorstellungen über Geld, Investments, Finanzen und Wirtschaft – einfach darzustellen. Er berichtet über seinen persönlichen Weg in die finanzielle Unabhängigkeit auf eine Art, die bei Lesern aller Altersgruppen und Bevölkerungsschichten auf Resonanz stößt. Seine Leitsätze und Botschaften – wie »Ihr Eigenheim ist kein Aktivposten« oder »Investieren Sie, um Cashflow zu erzielen« oder »die Sparer sind die Dummen« – haben einen wahren Feuersturm der Kritik und des Spottes ausgelöst. In den vergangenen 20 Jahren haben sich seine Lehren und seine Philosophie auf der wirtschaftlichen Weltbühne allerdings beunruhigend oft bewahrheitet.

Er ist der Ansicht, dass der »klassische« Rat, zu studieren, sich einen guten Job zu suchen, zu sparen und Schulden abzuzahlen, langfristig zu investieren und zu diversifizieren im heutigen schnelllebigen Informationszeitalter inzwischen überholt ist. Seine Rich-Dad-Philosophie und -Botschaften stellen den Status quo infrage. Seine Lehren fordern die Menschen auf, sich Finanzbildung anzueignen und aktiv in ihre Zukunft zu investieren.

Als Autor von 29 Büchern ist Robert Gast in vielen Medienkanälen weltweit, von Fox News, CNN, BBC, Real Vision, Yahoo! Finance, Al Jazeera, GBTV und PBS bis hin zu *Larry King Live*, *Oprah*, *Peoples Daily*, *Sydney Morning Herald*, *The Doctors*, *The Straits Times*, *Bloomberg*, *NPR*, *USA TODAY* und Hunderten weiterer, und seine Bücher stehen seit mehr als zwei Jahrzehnten ganz oben auf internationalen Bestsellerlisten. Er unterweist und inspiriert auch weiterhin ein Publikum in aller Welt.

Roberts Buch *Capitalist Manifesto* erschien 2022 und ist unserer Freiheit, der Macht des Kapitalismus und dem Schlitterpfad des Sozialismus gewidmet – und der Frage, wohin dieser führt.

2022 jährte sich das Erscheinen von *Rich Dad Poor Dad* zum 25. Mal. Das Buch – das weltweit als Klassiker unter den Finanzratgebern gilt und sich besser verkauft hat als jeder andere – und seine Botschaften haben sich bewährt und finden auch weiterhin Anklang bei Lesern aller Altersgruppen in aller Welt.

Vor Donald Trumps erfolgreichen Wahlkämpfen ums Weiße Haus und seiner Wahl zum US-Präsidenten war Robert auch Koautor von Donald Trump bei *Midas Touch* und *Warum Sie reich sein sollten.*

Mehr erfahren Sie auf RichDad.com.

DER #1-FINANZRATGEBER

Rich Dad Poor Dad – Roberts Geschichte über das Aufwachsen mit zwei Vätern – seinem leiblichen Vater und dem Vater seines besten Freundes, seinem reichen »Vater« – und darüber, wie beide Männer seine Gedanken über Geld und Investitionen geprägt haben, ist DAS Buch, das jeder gelesen haben muss, um den versteckten Mechanismus zu verstehen: Warum bleiben die Reichen reich und die Armen arm? Diese Ausgabe zum 25-jährigen Jubiläum enthält 9 Lektionen, die Ihnen als Leitfaden zum finanziellen Erfolg dienen.

Robert T. Kiyosaki | Rich Dad Poor Dad

Softcover | 320 Seiten | 16,00 € | ISBN 978-3-69066-042-6

DEUTSCHER WIRTSCHAFTSBUCH VERLAG